PRENTICE HALL MATEMÁTICAS

CURSO 3

Cuaderno de práctica

PEARSON

Prentice Hall

Needham, Massachusetts
Upper Saddle River, Nueva Jersey

ISBN: 0-13-037792-9

3 4 5 6 7 8 9 10   07 06 05 04

Cuaderno de práctica

Contenido

To the teacher: Answers in English appear in the back of each Chapter Support File.

Contenido (cont.)

Práctica 1-1

Expresiones algebraicas y el orden de las operaciones

Escribe una expresión algebraica para cada frase en palabras.

1. 5 menos que
un número   _____

2. 15 más que el valor
absoluto de un número   _____

3. el producto de
un número y – 8   _____

4. 5 más que un número,
dividido por 9   _____

5. 3 más que el producto
de 8 y un número   _____

6. 3 menos que el valor
absoluto un número, por 4   _____

Escribe una expresión algebraica para cada situación. Explica qué representa la variable.

7. la cantidad de dinero que tiene Waldo, si
tiene $10 más que Jon

_____

_____

8. la cantidad de dinero que tiene Mika, si
tiene algunas monedas de 25 centavos

_____

_____

9. cuánto peso puede levantar Kirk, si levanta
30 lb más que su hermano

_____

_____

10. a qué velocidad corre Rya, si corre a
5 mi/h más despacio que Dana

_____

_____

Escribe una frase en palabras para cada expresión variable.

11. $n \div (4)$

_____

12. $n + 4$

_____

13. $3n$

_____

14. $n - 8$

_____

Evalúa cada expresión para $n = 2, x = 6$ e $y = 4$.

15. $11x + 7$ _____

16. $29y - 15$ _____

17. $6(n + 8)$ _____

18. $(24 \div x) + 18$ _____

19. $(x + n) \div y$ _____

20. $xn + y$ _____

21. $(6 \cdot 8 + y) \cdot n$ _____

22. $6(8 + y) \cdot n$ _____

23. $6 \cdot 8 + y \cdot n$ _____

24. $y + n \cdot n$ _____

25. $12 \div x + xy$ _____

26. $(2n + 2y) \div 2x$ _____

27. $n + x(y + 1)$ _____

28. $y \div n \cdot 3x$ _____

29. $4 + x \div n + 2$ _____

30. $4n + x(y + 1)$ _____

Práctica 1-2

Resolución de problemas: Usar un plan para resolver un problema

Resuelve cada problema con el plan para resolver problemas.

1. Philip recorrió 1,096 millas en dos días. El segundo día, recorrió 240 millas más que el primero. ¿Cuántas millas recorrió cada día?

   _____

2. Bea crió algunas vacas y algunos pavos. Crió un total de 28 vacas y pavos. Había 96 patas en total. ¿Cuántas vacas y cuántos pavos crió Bea?

   _____

3. Dos números enteros tienen una diferencia de –11 y una suma de –3. ¿Cuáles son los números enteros?

   _____

4. Los boletos para una cena de beneficencia estuvieron en venta tres semanas. Durante la tercera semana se vendió el doble del número de boletos que se habían vendido durante las dos primeras semanas. Si se vendió un total de 1,095 boletos, ¿cuántos fueron los boletos vendidos durante la tercera semana?

   _____

Elige un método para resolver problemas para resolver cada problema. Muestra todo tu trabajo.

5. Priya pidió el doble de mantas que de colchas para la gran tienda donde trabaja. El pedido fue de 126 artículos. ¿Cuántas mantas y cuántas colchas pidió Priya?

   _____

6. Kent es tres años mayor que su hermana Debbie. La suma de sus edades es 105. Halla cuántos años tiene cada uno.

   _____

7. Una liga de bolos tiene 16 equipos. Durante un torneo de eliminación individual, el ganador de cada partido pasa a la siguiente vuelta. ¿Cuántos partidos tiene que jugar el equipo ganador?

   _____

8. En los siguientes problemas de suma, cada letra representa el mismo dígito en los dos problemas. Reemplaza cada letra con un dígito diferente, de 1 a 9, de manera que los dos problemas resulten ciertos. (Hay dos respuestas posibles.)

```
  A B C        A D G
+ D E F      + B E H
---------    ---------
  G H I        C F I
```

Práctica 1-3

Escribe un número entero que represente cada situación.

1. La cima del volcán activo más bajo del mundo conocido está a 160 pies debajo del nivel del mar.

   $|-160|$

2. El equipo de fútbol americano ganó tres yardas en una jugada.

   $|3|$

3. Jenni debe a su amiga $20.

   $|-20|$

4. Ayer, la temperatura fue de cinco grados sobre cero.

   $|5|$

Usa la información de la gráfica que aparece a la derecha para contestar a las preguntas 5 a 8.

5. La temperatura más alta al aire libre jamás registrada en Nevada, 122 °F, ocurrió el 23 de junio de 1954. ¿Hizo alguna vez ese calor en Idaho? Explica tu respuesta.

   No alcanzo el limite

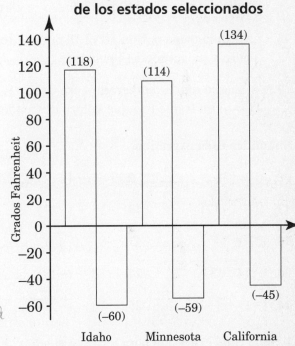

Temperaturas altas y bajas de los estados seleccionados

6. ¿En qué estado se registró una temperatura alta de 134 °F?

   El estado de California.

7. La temperatura más baja jamás registrada en Maine, – 48 °F, ocurrió el 17 de enero de 1925. ¿Hizo alguna vez ese frío en Minnesota? Explica tu respuesta.

   Si alcanzo porque era
   — 59.

8. ¿Qué estado en la gráfica tuvo registrada una temperatura de 60 °F bajo cero?

   El estado de Idaho

Compara. Escribe >, < ó =.

9. -12 ☐> 10

10. 9 ☐> -12

11. $|4|$ ☐> $|-9|$

12. $|26|$ ☐= $|-26|$

13. $|42|$ ☐< $|-93|$

14. 53 ☐< -21

15. $|6|$ ☐> 0

16. $|9|$ ☐< $|-13|$

Ordena de menor a mayor los números enteros de cada conjunto.

17. $0, -5, 5, -15, 15, 25, -25$

    $-25, -15, -5, 0, 5, 15, 25$

18. $6, -4, -8, 3, 1, -2, 7$

    $-8, -4, 1, 2, 3, 6, 7$

19. $27, -10, -6, -18, 3, 9, -8$

    $-18, -10, -8, -6, 3, 9, 27$

20. $-3, -7, 7, 4, -9, -4, -1$

    $-9, -7, -4, -3, -1, 4, 7$

Práctica 1-4

Sumar y restar números enteros

Escribe la ecuación de suma que sugiere cada modelo.

1.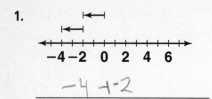

$\underline{-4 + 2}$

2.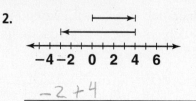

$\underline{-2 + 4}$

3.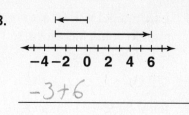

$\underline{-3 + 6}$

Escribe una expresión algebraica para hallar la suma de cada situación.

4. El equipo universitario de fútbol americano ganó 7 yd en una jugada y luego perdió 4 yd.

$7 + -4 =$

5. El avión descendió 140 pies y luego se elevó 112 pies.

$-140 + 112 =$

6. La ardilla trepó por un árbol 18 pulg, se resbaló y retrocedió 4 pulg, y luego trepó 12 pulg más.

$18 - 4 + 12 =$

7. Al medio día, la temperatura era de 72 °F. A media noche avanzó un frente frío que la hizo descender a 12 °F.

$72 - 12 =$

Simplifica cada expresión.

8. $8 + (7)$ $\underline{15}$ **9.** $9 + (-4)$ $\underline{13}$ **10.** $-6 + (-8)$ $\underline{-14}$ **11.** $8 + (-14)$ $\underline{-6}$

12. $9 + (-17)$ $\underline{-8}$ **13.** $-15 + (-11)$ $\underline{-26}$ **14.** $-23 + 18$ $\underline{-5}$ **15.** $-19 + 16$ $\underline{-3}$

16. $27 + 34$ $\underline{61}$ **17.** $-8 + (-17)$ $\underline{-25}$ **18.** $19 + (-8)$ $\underline{27}$ **19.** $23 + (-31)$ $\underline{-9}$

20. $-14 - 33$ $\underline{-47}$ **21.** $-32 - (-18)$ $\underline{-50}$ **22.** $-15 - (-26)$ $\underline{11}$ **23.** $32 - (-16)$ $\underline{48}$

24. $-19 - (-12)$ $\underline{-31}$ **25.** $-16 - (-21)$ $\underline{37}$ **26.** $27 - 19$ $\underline{46}$ **27.** $-14 - 27$ $\underline{-33}$

Evalúa cada expresión para $x = 5$, $y = -6$ y $z = -7$.

28. $x + y$ $\underline{-1}$ **29.** $15 - z$ $\underline{22}$ **30.** $y - z$ $\underline{-13}$ **31.** $x + y - z$ $\underline{-18}$

32. $y - 15 + x$ $\underline{26}$ **33.** $32 - z + x$ $\underline{-2}$ **34.** $|x| - |y|$ $\underline{11}$ **35.** $z + |x|$ $\underline{-1}$

36. Jill y Joe están jugando. La tabla de la derecha muestra los puntos ganados o perdidos en cada mano.

a. ¿Quién tiene más puntos después de la quinta mano?

$\underline{\text{Joe}}$

b. Para ganar, los jugadores deben tener 20 puntos. ¿Cuántos puntos necesita para ganar cada jugador?

$\underline{\text{4 puntos}}$

Mano	Jill	Joe
1	10	12
2	−2	3
3	6	−8
4	4	0
5	−2	7

Práctica 1-5

Multiplicar y dividir números enteros

Halla cada producto o cociente.

1. $-4 \cdot 8$

-32

2. $-7 \cdot (-9)$

63

3. $-5 \cdot (-11)$

55

4. $20 \cdot (-3)$

-60

5. $2(-3)(-3)$

18

6. $(-4)(-4)(-4)$

-64

7. $(-3)(4)(-5)$

60

8. $(5)(2)(-20)$

-200

9. $-63 \div 7$

-9

10. $81 \div (-9)$

-9

11. $-77 \div 7$

-11

12. $96 \div (-12)$

-8

13. $-54 \div (-6)$

9

14. $-120 \div 10$

-12

15. $-1,000 \div (-100)$

100

16. $540 \div (-90)$

-60

17. El valor de la tarjeta de llamadas telefónicas de Jim disminuye 15 centavos por cada minuto que la usa. Ayer usó la tarjeta para hacer una llamada de 6 minutos. ¿En cuánto cambió el valor de la tarjeta?

$-15 \cdot (-6)$

90

__El cambio era 90 centavos.__

18. Un día, la temperatura de Lone Grove, Oklahoma, cayó 3 grados por hora durante 5 horas consecutivas. Da el cambio total de temperatura.

__El cambio fue -15.__

19. La población de Nueva Orleáns, Luisiana, se redujo de aproximadamente 558,000 habitantes en 1980 a 497,000 en 1990. En promedio, ¿alrededor de cuánto cambió la población *cada año*?

$558,000$

$- 365$

$557,645$

__557,645__

Quieres hallar una ruta desde la Salida hasta la Llegada. Evalúa la expresión de cada cuadrado. Sólo puedes moverte hacia la derecha o hacia abajo, y sólo puedes moverte a un cuadrado cuya respuesta sea mayor que la expresión del cuadrado donde estás. Dibuja una línea por la ruta que tomarás.

Salida

$-9(26)$	$-29 - 146$	$-25 + (-100)$	$-9(40)$	$8(7)$	$23 + (-9)$
-234	175	125	-360	56	-13
$-10(27)$	$-800 - 92$	$200 \div (-2)$	$-40 + 12$	$-600 \div 6$	$21(16)$
-270	892	-100	-28	-100	336
$-26 - 19$	$-90 - 15$	$400 \div (-2)$	$17 - 19$	$-4(8)$	$200 \div 4$
7	75	-200	2	-32	50
$-17 - (-24)$	$17(11)$	$500 \div (-4)$	$5(0)$	$8 - (-27)$	$47 + 1$
41	181	-125	0	19	48

Llegada

Práctica 1-6
Usar números enteros con la media, la mediana y la moda

Halla la media, la mediana y la moda de cada conjunto de datos.

1. horas de práctica de piano

   _____

   Horas que practican los estudiantes del señor Capelli

   2 1 2 0 1 2 2 1 2 2

2. días de nieve por mes

   _____

   Días de nieve mensual de Central City

   8 10 5 1 0 0 0 0 0 1 3 12

3. número de estudiantes por clase

   _____

   Tamaño de la clase de la escuela media Westmont

   32 26 30 35 25 24 35 30 29 25

4. clasificación que dieron los estudiantes
   a una película nueva

   _____

   Clasificación de los estudiantes para una película

   10 9 10 8 9 7 5 3 8 9 9 10 9 9 7

5. puntos anotados en cinco partidos de
   básquetbol

   _____

   Puntos que anotó Westmont JV

   72 67 83 92 54

6. saldo durante un mes

   _____

   Saldo mensual de los cinco últimos meses

   $129   −$136   −$201 $146   −$154

**¿Es la media, la mediana o la moda la mejor medida de tendencia
central para cada tipo de dato? Explica tu respuesta.**

7. película más popular del mes pasado

   _____

   _____

8. pasatiempo preferido

   _____

   _____

9. tamaño de la clase de una escuela

   _____

   _____

10. edades de los miembros de un club

    _____

    _____

**Cada persona ha presentado cuatro exámenes y tiene que presentar
un examen más. Para cambiar la media o la mediana indicada, halla la
nota que debe obtener cada persona.**

11. Las notas de Barry son 93, 84, 86 y 75.
    Quiere subir la media a 86.

    _____

12. Las notas de Liz son 87, 75, 82 y 93.
    Quiere subir la mediana a 87.

    _____

13. Las notas de Jim son 60, 73, 82 y 75.
    Quiere subir la media a 75.

    _____

14. Las notas de Andrea son 84, 73, 92 y 88.
    Quiere subir la mediana a 86.

    _____

Práctica 1-7

Escribe usando exponentes.

1. $8 \cdot 8 \cdot 8 \cdot 8 \cdot 8$

_____

2. $(-2)(-2)(-2)(-2)$

_____

3. $x \cdot x \cdot x \cdot x \cdot x \cdot x$

_____

4. $(-3m)(-3m)(-3m)$

_____

5. $4 \cdot t \cdot t \cdot t$

_____

6. $(5v)(5v)(5v)(5v)(5v)$

_____

Escribe cada expresión como el producto del mismo factor.

7. a^2 _____

8. 19^3 _____

9. -6^2 _____

10. $-x^3$ _____

11. $(-5)^4$ _____

12. 4^3 _____

13. $-(10)^2$ _____

14. 20^1 _____

Simplifica cada expresión.

15. $(-4)^2 + 10 \cdot 2$ _____

16. $-4^2 + 10 \cdot 2$ _____

17. $(5 \cdot 3)^2 + 8$ _____

18. $5 \cdot 3^2 + 8$ _____

19. $9 + (7 - 4)^2$ _____

20. $-9 + 7 - 4^2$ _____

21. $(-6)^2 + 3^3 - 7$

22. $-6^2 + 3^3 - 7$

23. $2^3 + (8 - 5) \cdot 4 - 5^2$

24. $(2^3 + 8) - 5 \cdot 4 - 5^2$

25. $2^3 \cdot 3 - 5 \cdot 5^2 + 8$

26. $2^3 \cdot 3 - 5(5^2 + 8)$

Evalúa cada expresión para el valor dado.

27. $4x^2$ para $x = 3$

28. $(5b)^2$ para $b = 2$

29. $-6x^2$ para $x = 3$

30. $(-3g)^2$ para $g = 2$

Estima el valor de cada expresión.

31. $7 + 3q; q = 7.6$

32. $j^2 + 6; j = 4.7$

33. $2m^2 - 3m; m = 1.6$

34. $y^2 - 19y + 16; y = 2.5$

35. $x^2 + 7x - 19; x = 4.21$

36. $v^2 + v; v = 9.8$

37. Imagina que tienes una tienda de tarjetas. Compras una línea de tarjetas a razón de 4 tarjetas por $5. Planeas vender las tarjetas a razón de 3 tarjetas por $5. ¿Cuántas tarjetas debes vender para obtener una ganancia de $100?

_____

Práctica 1-8

Usa el cálculo mental para simplificar cada expresión.

1. $8 + (-2) + 7 + (-5)$ | **2.** $-7 + 9 + 11 + (-13)$ | **3.** $17 + (-9) + 18 + (-11)$

_____

4. $65 + 23 + 35$ | **5.** $220 + 343 + 80$ | **6.** $230 + 170 + 18 + (-5)$

_____

7. $(-5)(38)(-20)$ | **8.** $2 \cdot 83 \cdot (-5)$ | **9.** $-5 \cdot (2 \cdot 38)$

_____

10. $4 \cdot (25 \cdot 27)$ | **11.** $(50)(86)(20)$ | **12.** $-4 \cdot (36 \cdot 5)$

_____

Usa el cálculo mental y la propiedad distributiva para simplificar.

13. $25(-99)$ _____ **14.** $19(-6)$ _____ **15.** $6 \cdot \$2.99$ _____

16. $102 \cdot \$21$ _____ **17.** $19 \cdot 21$ _____ **18.** $26 \cdot 97$ _____

19. $21 \cdot (-11)$ _____ **20.** $9 \cdot \$4.98$ _____ **21.** $103 \cdot \$32$ _____

Determina si cada ecuación es verdadera o falsa.

22. $9 \cdot 8 + 6 = 9 \cdot 6 + 8$ | **23.** $-7(11 - 4) = 7(15)$

_____

24. $12 \cdot 7 = 10 \cdot 7 + 2 \cdot 7$ | **25.** $15 + (-17) = -17 + 15$

_____

26. $93 \cdot (-8) = -93 \cdot 8$ | **27.** $53 + (-19) = -53 + 19$

_____

La tabla de la derecha muestra los cambios diarios de temperatura durante un período de 5 días.

28. ¿Qué período de dos días tiene el mayor cambio de temperatura?

_____

29. El domingo la temperatura fue de 20 °F. ¿Cuál fue la temperatura del viernes al final del día?

_____

Día	Cambio de temperatura
Lunes	-12 °F
Martes	$+6$ °F
Miércoles	-4 °F
Jueves	-9 °F
Viernes	$+8$ °F

Práctica 2-1

Resuelve cada ecuación. Verifica la solución.

1. $x - 6 = -18$

2. $-14 = 8 + j$

3. $4.19 + w = 19.72$

4. $b + \frac{1}{6} = \frac{7}{8}$

5. $9 + k = 27$

6. $14 + t = -17$

7. $v - 2.59 = 26$

8. $r + 9 = 15$

9. $n - 19 = 26$

10. $14 = -3 + s$

11. $9 = d - 4.3$

12. $g - \frac{1}{4} = \frac{5}{8}$

13. $\frac{a}{-6} = 2$

14. $18 = \frac{v}{-1.8}$

15. $46 = 2.3m$

16. $-114 = -6k$

17. $0 = \frac{b}{19}$

18. $136 = 8y$

19. $0.6j = -1.44$

20. $\frac{q}{7.4} = 8.3$

21. $28b = -131.6$

22. $\frac{n}{-9} = -107$

23. $37c = -777$

24. $\frac{n}{-1.28} = 4.96$

Escribe y resuelve una ecuación para cada situación.

25. Ayer, Josh vendió algunas cajas de tarjetas de felicitación. Hoy vendió siete cajas. Si vendió 25 cajas en total, ¿cuántas vendió ayer?

26. Skylar compró siete libros a $12.95 cada uno. ¿Cuánto gastó Skylar?

27. Después de que Simón donara cuatro libros a la biblioteca de la escuela, le quedaron 28 libros. ¿Cuántos libros tenía Simón al principio?

28. Eugenio tiene pendientes cinco pagos de su computadora. Si cada pago es de $157.90, ¿cuánto debe todavía?

Práctica 2-2

Resolver ecuaciones de dos pasos

Resuelve cada ecuación.

1. $4r + 6 = 14$

$r = 2$

2. $9y - 11 = 7$

$y = 2$

3. $\frac{m}{4} + 6 = 3$

$m = -12$

4. $\frac{k}{-9} + 6 = -4$

$k = 90$

5. $-5b - 6 = -11$

$b = 1$

6. $\frac{v}{-7} + 8 = 19$

$v = -77$

7. $3.4t + 19.36 = -10.22$

$t = -8.7$

8. $\frac{n}{-1.6} + 7.9 = 8.4$

$n = -8.0$

9. $4.6b + 26.8 = 50.72$

$b = 53.2$

10. $\frac{a}{-8.06} + 7.02 = 18.4$

$a = -9,104$

11. $-2.06d + 18 = -10.84$

$d = -1855$

12. $\frac{e}{-95} + 6 = 4$

$e = -190$

13. $-9i - 17 = -26$

$i = -1$

14. $\frac{j}{-1.9} + 2.7 = -8.6$

$j = -21.47$

15. $14.9 = 8.6 + 0.9m$

$m = 7$

16. $84 = 19 + \frac{z}{12}$

$z = -780$

17. $15w - 21 = -111$

$w = -6$

18. $-12.4 = -19.1 + \frac{n}{-7.9}$

$n = 24,895$

19.3
-10.2
9.1

19. Hugo recibió $100 para su cumpleaños. Luego ahorró $20 por semana hasta que tuvo un total de $460 para comprar una impresora. Usa una ecuación para mostrar cuántas semanas le llevó ahorrar el dinero.

$100 + x20 = 460 =$ [18] semanas

20. Un gimnasio cobra $50 de cuota inicial más $2 por cada visita. Este año Moselle ha gastado en el gimnasio un total de $144. Usa una ecuación para averiguar cuántas visitas ha hecho.

$50 + 2a = 144 =$ [47]

Resuelve cada ecuación para hallar el valor de la variable. Escribe la respuesta en el crucigrama. No incluyas ningún signo negativo ni ningún decimal.

HORIZONTAL

1. $6n - 12 = 2.4$

2. $\frac{n}{3} + 4.6 = 21.6$

4. $x - 3 = 51.29$

6. $2z + 2 = 7.6$

VERTICAL

1. $\frac{j}{5} - 14 = -9$

2. $3x - 2 = 169$

3. $\frac{x}{4} + 1 = 19$

4. $\frac{x}{3} + 4 = 22$

5. $2x - 2 = 182$

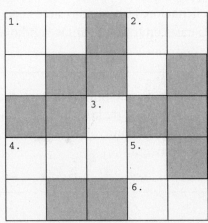

Práctica 2-3

Simplificar expresiones algebraicas

Simplifica cada expresión.

1. $4a + 7 + 2a$

2. $8(k - 9)$

3. $5n + 6n - 2n$

4. $(w + 3)7$

5. $5(b - 6) + 9$

6. $-4 + 8(2 + t)$

7. $-4 + 3(6 + k)$

8. $12j - 9j$

9. $6(d - 8)$

10. $-9 + 8(x + 6)$

11. $4(m + 6) - 3$

12. $27 + 2(f - 19)$

13. $4v - 7 + 8v + 4 - 5$

14. $5(g + 8) + 7 + 4g$

15. $12h - 17 - h + 16 - 2h$

16. $7(e - 8) + 12 - 2e$

17. $-3y + 7 + y + 6y$

18. $(3.2m + 1.8) - 1.07m$

Simplifica cada expresión.

19. $28k + 36(7 + k)$

20. $3.09(j + 4.6)$

21. $12b + 24(b - 42)$

22. $7.9y + 8.4 - 2.04y$

23. $4.3(5.6 + c)$

24. $83x + 15(x - 17)$

25. $9.8c + 8d - 4.6c + 2.9d$

26. $18 + 27m - 29 + 36m$

27. $8(j + 12) + 4(k - 19)$

28. $4.2r + 8.1s + 1.09r + 6.32s$

29. $43 + 16c - 18d + 56c + 16d$

30. $9(a + 14) + 8(b - 16)$

31. Tyrone compró 15.3 gal de gasolina al precio de g dólares por gal, 2 ct de aceite a un precio de c dólares por ct y una escobilla de limpiaparabrisas al precio de $3.79. Escribe una expresión que represente el costo total de estos artículos.

32. Elige un número. Multiplícalo por 2. Suma 6 al producto. Divide por 2. Luego resta 3. ¿Cuál es el resultado? Repite este proceso con dos números diferentes. Explica tu respuesta.

Práctica 2-4

Resolver ecuaciones de varios pasos

Resuelve cada ecuación. Verifica la solución.

1. $2(2.5b - 9) + 6b = -7$

2. $12y = 2y + 40$

3. $6(c + 4) = 4c - 18$

4. $0.7w + 16 + 4w = 27.28$

5. $24 = -6(m + 1) + 18$

6. $0.5m + 6.4 = 4.9 - 0.1m$

7. $7k - 8 + 2(k + 12) = 52$

8. $14b = 16(b + 12)$

9. $4(1.5c + 6) - 2c = -9$

10. $7y = y - 42$

11. $9(d - 4) = 5d + 8$

12. $0.5n + 17 + n = 20$

13. $20 = -4(f + 6) + 14$

14. $12j = 16(j - 8)$

15. $0.7p + 4.6 = 7.3 - 0.2p$

16. $9a - 4 + 3(a - 11) = 23$

17. $6(f + 5) = 2f - 8$

18. $15p = 6(p - 9)$

19. $0.5t + 4.1 = 5.7 - 0.3t$

20. $9q - 14 + 3(q - 8) = 7$

21. Se organiza un banquete para 50 personas. El proveedor de banquetes cobra $1,500 por el servicio. ¿A cuánto equivale por persona? Escribe una ecuación y resuelve.

22. Stephanie tiene seis años de edad. Tiene un año más que un sexto de la edad de su madre. ¿Cuántos años tiene la madre de Stephanie? Escribe una ecuación y resuelve.

Práctica 2-5

Resolución de problemas: Hacer un diagrama y escribir una ecuación

Resuelve cada problema haciendo un diagrama o escribiendo una ecuación. Explica por qué elegiste ese método.

1. El costo de una llamada telefónica de larga distancia es de $.56 por el primer minuto y de $.32 por cada minuto adicional. ¿Cuál es la duración total de una llamada que cuesta $9.20?

   _____

   _____

   _____

2. Un ascensor partió del 7º piso. Subió 6 pisos, bajó 4 pisos, subió 9 pisos y bajó 5 pisos. ¿En qué piso se detuvo finalmente el ascensor?

   _____

   _____

   _____

3. Dos carros parten del mismo punto, a la misma hora y viajan en direcciones opuestas. ¿En cuántas horas estarán separados 232 millas, si el carro más lento viaja a 26 mi/h y el más rápido viaja a 32 mi/h?

   _____

   _____

   _____

Usa cualquier estrategia para resolver cada problema. Muestra tu trabajo.

4. Mary y Jim tienen boletos para un concierto. El número del boleto de Mary es uno menos que el número del boleto de Jim. El producto de los números es 812. ¿Cuáles son los dos números?

   _____

5. El presupuesto de los Beards aparece a la derecha. El pago de su casa aumentó $120. Sus ingresos no serán más de lo que son ahora, así que piensan restar una cantidad igual a cada uno de las otras categorías. ¿De cuánto dispondrán para pagar las facturas?

   _____

Presupuesto de los Beards

Artículo	Cantidad
Casa	$650
Alimentos	$300
Facturas	$250
Otros	$140

6. Antonio mira $\frac{2}{3}$ de una película en casa y luego decide terminar de verla más tarde. Si ya ha visto 2 horas, ¿cuánto dura la película?

   _____

Nombre _____ Clase _____ Fecha _____

Práctica 2-6

Escribe una desigualdad para cada gráfica.

mayor
$>$
$<$
menor

1.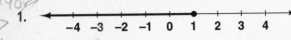

$x \leq 1$

2.

$x \geq -3$

3.

$x \geq -2$

4.

$x \geq 1$

5.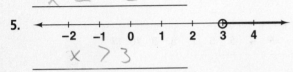

$x > 3$

Representa gráficamente cada desigualdad en una recta numérica.

6. $x \geq -6$

7. $x < -5$

8. $x \leq 0$

9. $x \leq 7$

10. $x < 5$

Resuelve cada desigualdad. Representa gráficamente la solución.

11. $m + 6 > 2$

$\frac{-6 \quad -6}{m > -4}$ $[m > -4]$

12. $q + 4 \leq 9$

$\frac{-4 \quad -4}{q \leq 5}$ $[q \leq 5]$

13. $w - 6 > -9$

$\frac{+6 \quad +6}{w > -3}$ $w > -3$

14. $y - 3 < -4$

$\frac{+3 \quad +3}{y < -1}$ $y < -1$

15. $k + 9 \leq 12$

$\frac{-9 \quad -9}{k \leq 3}$ $k \leq 3$

16. $u + 6 \geq 8$

$\frac{-6 \quad -6}{u \geq 2}$ $u \geq 2$

Escribe y resuelve una desigualdad para contestar a cada pregunta.

17. La cantidad de nieve sobre el piso aumentó 8 pulg entre las 7.00 p.m. y las 10.00 p.m. A las 10.00 p.m. había menos de 2 pies de nieve. ¿Cuánta nieve había a las 7.00 p.m.?

$6x >.2 = 8. = 10$ pulg
$+ \frac{2}{2}$ $\frac{8}{2} +$

18. El récord escolar de puntos anotados por un mismo estudiante en una temporada de básquetbol es 462. Para esta temporada María tiene hasta ahora 235 puntos. ¿Cuántos puntos más necesita para romper el récord?

$x + 235 > 462 -$
$-235 \quad -235$

$x > 227$

Práctica 2-7

Resolver desigualdades multiplicando y dividiendo

Soluciona cada desigualdad y representa gráficamente la solución.

1. $-5m < 20$

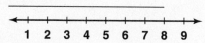

2. $\frac{j}{6} \leq 0$

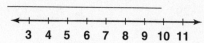

3. $4v > 16$

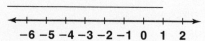

4. $\frac{b}{2} < 4$

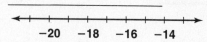

5. $5a > -10$

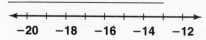

6. $\frac{c}{-3} \geq 6$

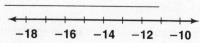

7. $\frac{c}{-6} > 1$

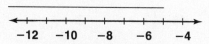

8. $-4i \leq -16$

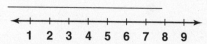

9. $5d < -75$

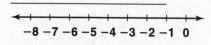

10. $\frac{d}{12} < -1$

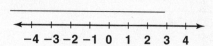

11. $0.5n \geq -2.5$

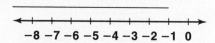

12. $\frac{p}{0.2} \leq 10$

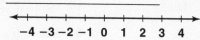

Escribe una desigualdad para cada problema. Resuelve la desigualdad. Luego da la solución al problema.

13. Dom quiere comprar 5 pelotas de béisbol. Tiene $20. ¿Cuál es el precio máximo que puede costar cada pelota?

_____

14. Un servicio de copiado a máquina cobra $5 por página. La señora Garza no quiere gastar más de $50 por el trabajo. ¿Qué cantidad máxima de páginas puede hacer copiar?

_____

15. En cada una de las mesas de un restaurante caben 8 personas sentadas. En una cena en el restaurante se atenderá a 125 personas. ¿Cuántas mesas necesita el restaurante para que cada persona tenga un asiento en la cena?

_____

Práctica 2-8 ....

Resuelve cada desigualdad.

1. $6x + 5 \leq -19$

2. $2x + 12 < 24$

3. $15x - 9 > 21$

_____

_____

_____

4. $5x - 11 \geq -36$

5. $18x - 6 \geq 84$

6. $9x + 2.3 > -10.3$

_____

_____

_____

7. $11x + 4 \leq -29$

8. $8x + 15 < 71$

9. $\frac{1}{2}x + 3 < 5$

_____

_____

_____

10. $\frac{x}{6} - 7 \leq 3$

11. $\frac{1}{4}x + 10 > -7$

12. $\frac{x}{9} - 15 \geq 5$

_____

_____

_____

13. $12x + 7 \geq 139$

14. $3x - 8 \leq 55$

15. $7x - 5.8 > 13.1$

_____

_____

_____

16. $4x + 13 < 61$

17. $\frac{x}{8} - 7 > -12$

18. $\frac{1}{5}x + 8 < -2$

_____

_____

_____

19. $\frac{n}{11} + 2 \leq 6$

20. $\frac{x}{7} - 9 \geq -4$

21. $20n - 2 \leq 138$

_____

_____

_____

22. $10x - 3 \geq -83$

23. $8x - 3.2 > 37.6$

24. $12x - 10 > -130$

_____

_____

_____

25. $\frac{w}{10} - 11 > 6$

26. $\frac{1}{3}x + 3 < -9$

27. $\frac{u}{12} + 4 \leq 8$

_____

_____

_____

Escribe y resuelve una desigualdad para contestar a cada pregunta.

28. A un club de teatro la producción de ¡*Oklahoma!* le va a costar $1,250. ¿Cuántos boletos tendrá que vender a $8 cada uno para obtener una ganancia de por lo menos $830?

_____

_____

29. Una tienda de mascotas está vendiendo hámsters a $3.50 cada uno si compras una jaula por $18.25. Puedes gastar un máximo de $30. ¿Cuántos hámsters puedes comprar?

_____

_____

Práctica 3-1

Representar puntos gráficamente

Nombra las coordenadas de cada punto de la gráfica.

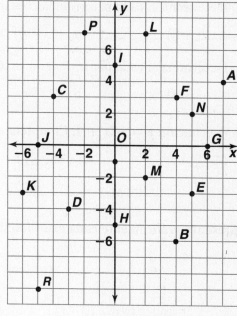

1. J

_____

2. R

_____

3. K

_____

4. M

_____

5. I

_____

6. P

_____

7. N

_____

8. L

_____

¿En qué cuadrante o sobre qué eje está ubicado cada punto?

9. $(-3, -2)$

_____

10. $(7, 0)$

_____

11. $(4, 0)$

_____

12. $(-3, -9)$

_____

13. $(4, -7)$

_____

14. $(7, -5)$

_____

15. $(2, 9)$

_____

16. $(0, 9)$

_____

17. $(0, -6)$

_____

18. $(4, 2)$

_____

19. $(-3, 2)$

_____

20. $(0, 0)$

_____

21. Arnie trazó puntos en la gráfica que aparece abajo. Puso la punta del lápiz en A. Puede moverse hacia la derecha o hacia abajo la cantidad de unidades necesarias hasta llegar al punto B. ¿De cuántas maneras puede hacer esto?

_____

22. Marika tiene que hacer un $\triangle ABC$ que cumpla varios requisitos.

a. Debe caber en la casilla indicada.

b. El lado $\overline{AB}$ tiene las coordenadas $A(-2, 0)$ y $B(2, 0)$.

c. El punto C debe estar sobre el eje de y. Nombra todos los puntos que podrían ser el punto C.

_____

_____

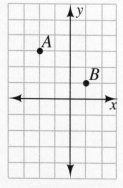

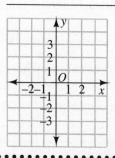

Práctica 3-2

Representar gráficamente ecuaciones con dos variables

1. Determina si cada par ordenado es una solución de $y = 3x - 8$.

   a. $(0, -8)$ _____   **b.** $(6, -10)$ _____   **c.** $(-2, -2)$ _____   **d.** $(4, 4)$ _____

2. Determina si cada par ordenado es una solución de $y = -5x + 19$.

   a. $(-3, 4)$ _____   **b.** $(0, 19)$ _____   **c.** $(2, 9)$ _____   **d.** $(-4, 39)$ _____

Usa la ecuación $y = -2x + 1$. Completa cada solución.

3. $(0, \underline{?})$ 4. $(-5, \underline{?})$ 5. $(20, \underline{?})$ 6. $(-68, \underline{?})$

_____   _____   _____   _____

Representa gráficamente cada ecuación lineal.

7. $y = -4x + 6$

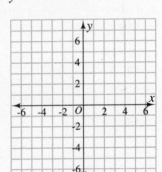

8. $y = \frac{5}{2}x - 5$

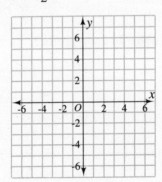

9. $y = -\frac{1}{2}x + 3$

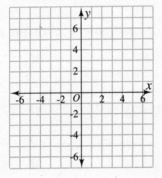

10. $y = \frac{1}{2}x - \frac{1}{2}$

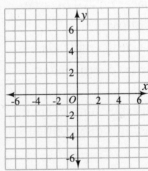

11. $y = -2x + 7$

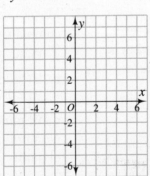

12. $y = -3x - 1$

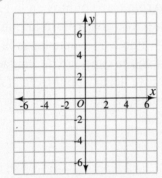

13. Jan quiere comprar mapas y atlas para su viaje. El precio de los mapas es de $2 cada uno y el precio de los atlas es de $5 cada uno. Si gasta $25 y compra 3 atlas, ¿cuántos mapas puede comprar?

_____

14. Los pomelos cuestan $.65 cada uno y las naranjas cuestan $.20 cada una. Si Keiko gasta $5 y compra 25 naranjas de $.20, ¿cuántos pomelos puede comprar?

_____

Práctica 3-3

Entender la pendiente

Halla la pendiente de cada recta.

1.
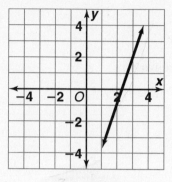

_____

2.
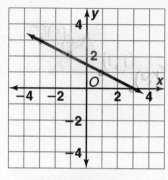

_____

3.
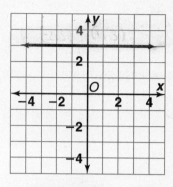

_____

4.
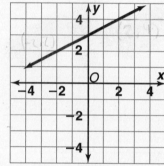

_____

5.
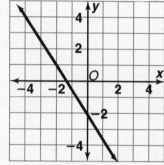

_____

Los puntos de cada tabla están sobre una recta. Usa la tabla para hallar la pendiente de cada recta. Luego representa la recta gráficamente.

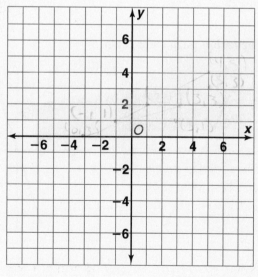

6.

x	0	1	2	3	4
y	−3	−1	1	3	5

pendiente = _____

7.

x	0	1	2	3	4
y	5	3	1	−1	−3

pendiente = _____

Práctica 3-4

Determina si la ecuación tiene la misma pendiente que la ecuación
y = 2x − 4.

1. $y = 2x + 4$ _siS_ **2.** $y = -2x + 3$ _no_ **3.** $y = 4x - 2$ _no_ **4.** $y = 3x - 4$ _no_

Representa gráficamente cada ecuación usando la pendiente y el intercepto y.

5. $y = \frac{3}{4}x - 3$

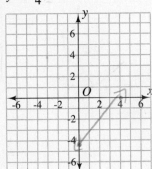

6. $y = -\frac{2}{5}x + 2$

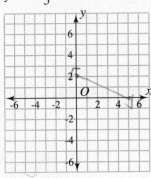

7. $y = -\frac{4}{3}x + 4$

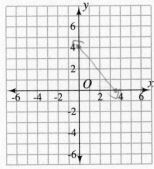

8. $y = \frac{4}{5}x + 4$

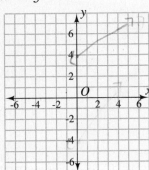

9. $y = x + 4$

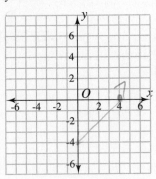

10. $y = \frac{5}{3}x - 5$

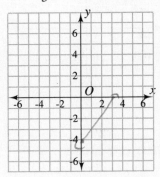

Escribe una ecuación para cada recta.

11.

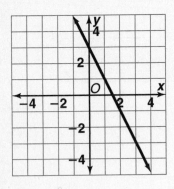

$Y = -2x + 3$

12.

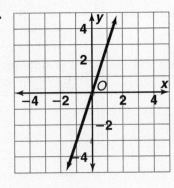

$y = 4x + 0$

13.

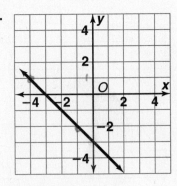

$y = -4x + -2$

Nombre _____ Clase _____ Fecha _____

Práctica 3-5

Resolución de problemas: Escribir una ecuación y hacer una gráfica

Escribe y representa gráficamente una ecuación con dos variables para expresar cada situación.

1. Hiciste un pedido de libros mediante un catálogo. Cada libro cuesta $12 y el costo de envío es de $5. Escribe una ecuación y haz una gráfica que represente tu costo total.

   _____

   a. ¿Cuál es el costo total si compras 6 libros? _____

   b. ¿Cuál es el costo total si compras 4 libros? _____

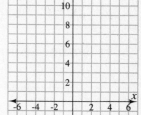

2. Un viaje en taxi cuesta $2.50 por la primera milla y $1.50 por cada milla adicional o fracción. Escribe una ecuación y haz una gráfica que represente el costo total.

   _____

   a. ¿Cuál es el costo total de un viaje de 10 millas? _____

   b. ¿Cuál es el costo total de un viaje de 25 millas? _____

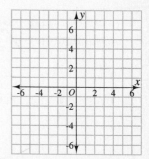

3. Un árbol tiene 3 pies de altura y crece 3 pulg por día. Escribe una ecuación y haz una gráfica que represente cuánto crece el árbol con el tiempo.

   _____

   a. ¿Qué altura tiene el árbol en una semana? _____

   b. ¿Qué altura tiene el árbol en 4 semanas? _____

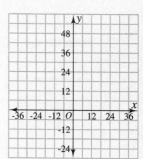

Usa cualquier estrategia para resolver cada problema.

4. Marcy planea ahorrar $3 en enero, $4 en febrero, $6 en marzo y $9 en abril. Si continúa con este patrón, ¿cuánto dinero ahorrará en diciembre?

5. Inez está construyendo una cerca alrededor de su jardín, que es cuadrado. Planea poner 8 postes en cada lado. El diámetro de cada poste es de 6 pulgadas. ¿Cuántos postes habrá?

6. Alain, Betina, Coley y Dimitri son artistas. Uno es alfarero, otro es pintor, otro es pianista y otro escribe canciones. Alain y Coley vieron tocar al pianista. Betina y Coley modelaron para el pintor. El escritor hizo una canción sobre Alain y Dimitri. Bettina es la alfarera. ¿Quién es el escritor de canciones?

7. Luis está leyendo un libro de 520 páginas. Cuando haya leído 4 veces la cantidad de páginas que ya leyó, estará a 184 páginas del final. ¿Cuántas páginas ha leído Luis?

   _____

Práctica 3-6

Usa la gráfica de la derecha para resolver los ejercicios 1 a 5.

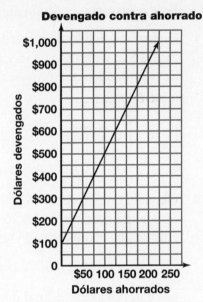

Devengado contra ahorrado

1. ¿Qué ganancia producirán $225 de ahorro?

   _____

2. ¿Cuánto se ahorra de unos ingresos de $400?

   _____

3. ¿Cuál es la pendiente de la recta en la gráfica?

   _____

4. Por cada aumento de $200 en los ingresos, ¿cuál es el aumento en los ahorros?

   _____

5. Escribe una ecuación para la recta.

   _____

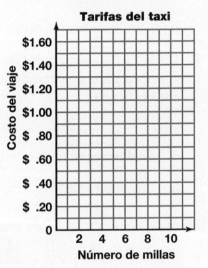

Tarifas del taxi

6. Un viaje en taxi cuesta $.40 más $.15 por milla.

   a. Escribe y representa gráficamente una ecuación para un viaje de x millas en el taxi.

   _____

   b. ¿Por un viaje de cuántas millas el taxi cobra $.70?

   _____

   c. ¿Cuánto cobra el taxi por un viaje de 8 millas?

   _____

Representa gráficamente cada ecuación usando el intercepto x y el intercepto y.

7. $2x + 3y = 6$

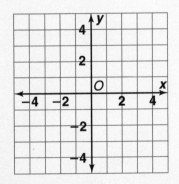

8. $x - 2y = 4$

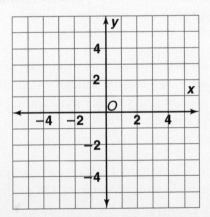

9. $2x - y = -4$

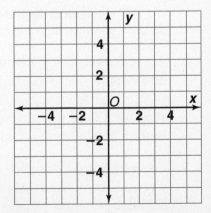

Práctica 3-7

Resolver sistemas lineales con una gráfica

Resuelve cada sistema de ecuaciones con una gráfica.

1. $y = x + 2$
$y = 2x + 1$

Solución: _____

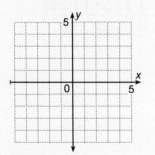

2. $y = -2x + 2$
$y = 3x + 2$

Solución: _____

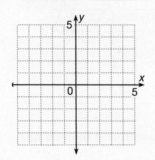

3. $y = -\frac{1}{2}x - 1$
$y = x - 4$

Solución: _____

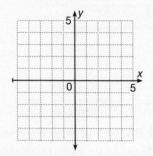

4. $y = 2x + 3$
$y = \frac{1}{2}x$

Solución: _____

5. $y = -\frac{3}{2}x + 2$
$y = \frac{1}{2}x - 2$

Solución: _____

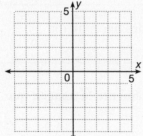

6. $y = 2x - 5$
$y = \frac{1}{4}x + 2$

Solución: _____

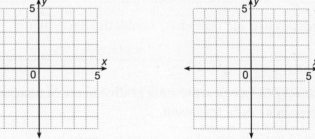

7. Los tomates están a \$.80 la libra en el Mercado Rob y a \$1.20 la libra en Productos Sal. Tienes un cupón de descuento de \$1.40 para comprar en Sal. (Supongamos que compras tomates por un valor de por lo menos \$1.40.)

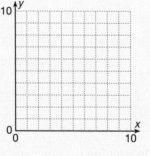

  a. Escribe una ecuación que relacione el costo, y, con el número de libras, x, en cada mercado.

  Rob: _____   Sal: _____

  _____   _____

  b. Usa una gráfica para estimar la cantidad de libras que cuestan lo mismo en las dos tiendas.

  _____

Práctica 3-8 ....

Usa la notación de flechas para escribir una regla que describa la traslación indicada en cada gráfica.

1.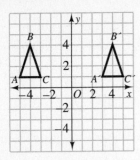

2.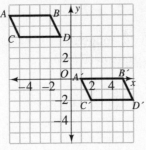

3.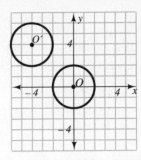

_____

_____

_____

Copia el △MNP. Luego representa gráficamente la imagen que resulta después de cada traslación.

4. 2 unidades hacia la izquierda, 2 unidades hacia abajo

_____

5. 2 unidades hacia la derecha, 1 unidad hacia abajo

_____

6. 2 unidades hacia la izquierda, 3 unidades hacia arriba

_____

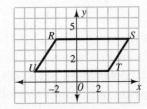

Copia el ▱RSTU. Luego representa gráficamente la imagen que resulta después de cada traslación.

7. 1 unidad hacia la derecha, 2 unidades hacia abajo

_____

8. 3 unidades hacia la izquierda, 0 unidades hacia arriba

_____

9. 2 unidades hacia la derecha, 4 unidades hacia arriba

_____

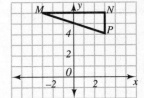

10. Un rectángulo tiene sus vértices en $M(1, 1)$, $N(6, 1)$, $O(6, 5)$ y $P(1, 5)$. Se traslada el rectángulo 4 unidades hacia la izquierda y 3 unidades hacia abajo. ¿Cuáles son las coordenadas de M', N', O' y P'? Representa gráficamente los rectángulos $MNOP$ y $M'N'O'P'$.

_____

11. Usa la notación de flechas para escribir una regla que describa la traslación de $M'N'O'P'$ a $MNOP$.

_____

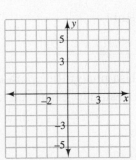

Práctica 3-9

Reflexiones y simetría

¿Cuántos ejes de simetría puedes hallar para cada letra?

1. W _____ **2.** X _____ **3.** H _____ **4.** T _____

Representa gráficamente el punto dado y la imagen después de cada reflexión. Menciona las coordenadas del punto reflejado.

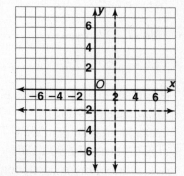

5. $A(5, -4)$ sobre la recta punteada vertical

_____

6. $B(-3, 2)$ sobre la recta punteada horizontal

_____

7. $C(-5, 0)$ sobre el eje de y

_____

8. $D(3, 4)$ sobre el eje de x

$\triangle ABC$ tiene los vértices $A(2, 1)$, $B(3, -5)$ y $C(-2, 4)$. Representa gráficamente el $\triangle ABC$ y su imagen, el $\triangle A'B'C'$, que resulta después de la reflexión sobre cada recta. Determina las coordenadas de A', B' y C'.

9. el eje de x

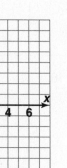

10. la recta que va de $(-1, 2)$ y $(1, 2)$

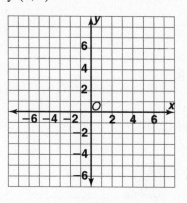

11. el eje de y

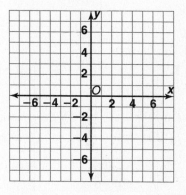

Dobla tu papel por cada recta punteada. ¿Son las figuras reflexiones una de otra sobre la recta dada?

12.

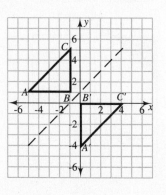

_____

13.

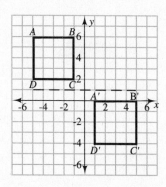

_____

14.

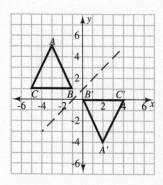

_____

Práctica 3-10

Representa cada punto gráficamente. Luego rótalo alrededor del origen el número de grados dados. Da las coordenadas de la imagen.

1. $V(2, -3); 90°$ _____

2. $M(-4, 5); 270°$ _____

3. $V(0, 5); 180°$ _____

4. $M(6, 0); 90°$ _____

5. $V(3, 4); 360°$ _____

6. $M(0, -1); 90°$ _____

7. Representa gráficamente el △RST con
   los vértices $R(-1, 3)$, $S(4, -2)$ y $T(2, -5)$.
   Traza la imagen del $△R'S'T'$ que se forma
   al rotar el $△RST$ 90°, 180° y 270° alrededor
   del origen. Da las coordenadas de
   R', S' y T'.

   90° _____

   180° _____

   270° _____

**Determina si cada figura podría ser una rotación
de la figura de la derecha. Para cada figura que
podría ser una rotación, di cuál parece ser el
ángulo de rotación.**

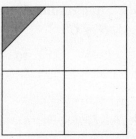

8.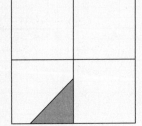

9.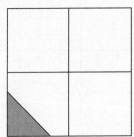

10.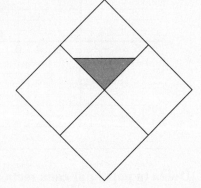

_____ _____ _____

11.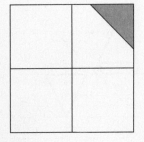

12.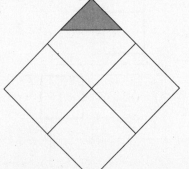

13.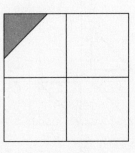

_____ _____ _____

Nombre _____ Clase _____ Fecha _____

Práctica 4-1 Factores

Enumera todos los factores de cada número.

1. 36 _____   **2.** 42 _____   **3.** 50 _____   **4.** 41 _____

_____   _____   _____   _____

Di si el primer número es un factor del segundo.

5. 2; 71 _____   **6.** 1; 18 _____   **7.** 3; 81 _____   **8.** 4; 74 _____

9. 9; 522 _____   **10.** 8; 508 _____   **11.** 13; 179 _____   **12.** 17; 3,587 _____

Identifica cada número como *primo* o *compuesto*. Si el número es *compuesto*, usa un diagrama de factores para hallar su descomposición en factores primos.

13. 74   **14.** 83   **15.** 23   **16.** 51

17. 73   **18.** 91   **19.** 109   **20.** 211

Escribe la descomposición en factores primos de cada número.

21. 70   **22.** 92   **23.** 120   **24.** 118

25. 200   **26.** 180   **27.** 360   **28.** 500

29. 187   **30.** 364   **31.** 1,287   **32.** 1,122

Halla el MCD por medio de la descomposición en factores primos.

33. 24, 40   **34.** 20, 42   **35.** 56, 63   **36.** 48, 72

37. 18, 24, 36   **38.** 20, 45, 75   **39.** 120, 150, 180   **40.** 200, 250, 400

41. El señor Turner distribuyó algunos artículos en su oficina. Distribuyó 120 lápices, 300 sujetapapeles y 16 lapiceros. ¿Cuál es la mayor cantidad de personas que puede haber en la oficina, si cada persona recibió la misma cantidad de artículos? _____

42. La liga de béisbol compró artículos deportivos nuevos para los equipos. Los administradores compraron 288 pelotas, 40 bates y 24 bolsas para guardar los artículos. ¿Cuántos equipos hay, si todos los artículos nuevos se distribuyen equitativamente entre ellos? _____

Práctica 4-2

Formas equivalentes de los números racionales

Escribe cada fracción en su mínima expresión.

1. -5 _____
2. 0.63 _____
3. -3.9 _____
4. $4\frac{5}{6}$ _____

5. $\frac{77}{99}$ _____
6. $\frac{21}{-56}$ _____
7. $-\frac{28}{52}$ _____
8. $\frac{195}{105}$ _____

9. La última temporada, un jugador de béisbol hizo un promedio de 0.375 bateos. Expresa el promedio de bateo con una fracción. _____

Escribe cada fracción o número mixto como un decimal redondeado a tres lugares.

10. $\frac{7}{21}$ _____
11. $-\frac{9}{21}$ _____
12. $-\frac{2}{3}$ _____
13. $1\frac{6}{7}$ _____

14. $3\frac{1}{6}$ _____
15. $-4\frac{7}{8}$ _____
16. $3\frac{11}{12}$ _____
17. $5\frac{7}{11}$ _____

18. $-4\frac{7}{11}$ _____
19. $3\frac{1}{18}$ _____
20. $-1\frac{7}{18}$ _____
21. $2\frac{5}{12}$ _____

22. $-2\frac{7}{9}$ _____
23. $5\frac{7}{15}$ _____
24. $-4\frac{14}{15}$ _____
25. $3\frac{8}{11}$ _____

Escribe cada decimal como un número mixto o una fracción en su mínima expresión.

26. 0.006 _____
27. $-4.\overline{8}$ _____
28. 0.97 _____
29. $0.\overline{53}$ _____

30. $0.\overline{4}$ _____
31. 9.05 _____
32. -0.28 _____
33. $5.\overline{618}$ _____

34. 3.082 _____
35. $-1.\overline{41}$ _____
36. $4.\overline{23}$ _____
37. $17.\overline{3}$ _____

38. $8.\overline{05}$ _____
39. $-3.0\overline{2}$ _____
40. $7.1\overline{3}$ _____
41. $0.\overline{2}$ _____

Resuelve.

42. Los estudiantes del octavo grado llevaron a cabo la venta de una revista para recaudar dinero para su viaje de primavera. Querían que cada estudiante vendiera suscripciones. Después del primer día de venta, 25 estudiantes de un total de 125, devolvieron órdenes de suscripción. Escribe un número racional en su mínima expresión que indique la participación de los estudiantes en el primer día.

_____

43. Pete quería ganar el premio por vender el mayor número de suscripciones. De 240 suscripciones vendidas, Pete vendió 30. Escribe un número racional en su mínima expresión que indique la participación de Pete en el total de las ventas.

_____

Nombre _____ Clase _____ Fecha _____

Práctica 4-3

Comparar y ordenar números racionales

Determina qué número racional es mayor, volviendo a escribir cada par de fracciones con el mismo común denominador.

1. $\frac{2}{9}, \frac{3}{6}$

2. $\frac{2}{4}, \frac{4}{5}$

3. $\frac{1}{9}, \frac{1}{3}$

4. $\frac{2}{12}, \frac{1}{4}$

5. $\frac{5}{12}, \frac{9}{15}$

6. $\frac{7}{10}, \frac{3}{5}$

7. $\frac{6}{16}, \frac{4}{9}$

8. $\frac{5}{10}, \frac{8}{12}$

9. $\frac{2}{5}, \frac{1}{3}$

10. $\frac{4}{6}, \frac{1}{3}$

11. $\frac{3}{8}, \frac{8}{9}$

12. $\frac{3}{6}, \frac{1}{3}$

13. $\frac{2}{6}, \frac{4}{5}$

14. $\frac{5}{20}, \frac{1}{2}$

15. $\frac{1}{7}, \frac{1}{10}$

16. Durante los Juegos Olímpicos de Verano de 1992, las tres mejores mujeres en salto de longitud fueron Inessa Kravets ($23\frac{3}{8}$ pies), Jackie Joyner-Kersee ($23\frac{5}{24}$ pies) y Heike Drechsler ($23\frac{7}{16}$ pies). Escribe los nombres de estas mujeres en orden, empezando por el salto más corto hasta el más largo.

Compara. Escribe >, < ó =.

17. $-\frac{4}{9}$ ▢ $-\frac{5}{8}$ **18.** $\frac{1}{3}$ ▢ $\frac{6}{18}$ **19.** $\frac{5}{7}$ ▢ 0.63 **20.** -0.76 ▢ $-\frac{3}{4}$

21. $-1\frac{9}{12}$ ▢ $-1\frac{15}{20}$ **22.** $\frac{6}{11}$ ▢ $\frac{5}{9}$ **23.** $\frac{7}{12}$ ▢ 0.59 **24.** $\frac{6}{13}$ ▢ 0.45

Ordena cada conjunto de números de mayor a menor.

25. $0.74, \frac{3}{4}, \frac{6}{7}, 0.64$ _____

26. $\frac{16}{32}, 0.45, \frac{2}{5}, \frac{9}{25}$ _____

27. $\frac{7}{8}, -\frac{5}{8}, \frac{15}{30}, -\frac{8}{11}$ _____

28. $\frac{14}{15}, 0.743, -0.65, \frac{14}{31}$ _____

29. $\frac{17}{28}, 0.95, \frac{11}{15}, \frac{17}{30}$ _____

30. $0.8, 0.5, \frac{5}{8}, \frac{3}{8}$ _____

31. $\frac{7}{10}, \frac{1}{2}, -0.3, -\frac{3}{4}$ _____

32. $-\frac{9}{10}, -\frac{4}{5}, -\frac{1}{2}, -\frac{17}{18}$ _____

Curso 3 Capítulo 4

Lección 4-3 Práctica

29

Nombre _____ Clase _____ Fecha _____

Práctica 4-4

Sumar y restar números racionales

Halla cada suma o diferencia como un número mixto o una fracción en su mínima expresión.

1. $\frac{3}{4} + \frac{7}{8}$ _____

2. $-1\frac{1}{6} + 2\frac{2}{3}$ _____

3. $4\frac{1}{2} - 7\frac{7}{8}$ _____

4. $-3\frac{5}{6} - \left(-4\frac{1}{12}\right)$ _____

5. $\frac{5}{18} + \frac{7}{12}$ _____

6. $-4\frac{7}{20} + 3\frac{9}{10}$ _____

7. $5\frac{8}{21} - \left(-3\frac{1}{7}\right)$ _____

8. $1\frac{19}{24} + 2\frac{23}{20}$ _____

9. $3\frac{16}{25} - 4\frac{7}{20}$ _____

10. $5\frac{1}{14} + 2\frac{3}{7} + 1\frac{4}{21}$ _____

11. $\frac{11}{12} - \frac{5}{16} + \frac{11}{18}$ _____

12. $\frac{5}{6} + \frac{7}{8} - \frac{11}{12}$ _____

13. $-19\frac{5}{6} + 10\frac{9}{10}$ _____

14. $4\frac{7}{18} - 3\frac{7}{12}$ _____

15. $-1\frac{4}{5} - \left(-4\frac{1}{12}\right)$ _____

Escribe cada respuesta como una fracción o un número mixto en su mínima expresión.

16. $14.6 + \left(-3\frac{1}{5}\right)$

17. $-7\frac{3}{4} - 4.125$

18. $5.75 + \left(-2\frac{1}{8}\right)$

19. $1\frac{3}{4} - 2.75 - 4\frac{5}{8}$

20. $3\frac{1}{2} - 6\frac{7}{10} + 4\frac{1}{5}$

21. $\frac{3}{16} + \frac{1}{8} - \frac{1}{4}$

Resuelve cada ecuación. Escribe cada respuesta como un número mixto o una fracción en su mínima expresión.

22. $x + \frac{3}{8} = -\frac{1}{4}$

23. $y - \frac{1}{5} = -\frac{4}{5}$

24. $z + \left(-\frac{2}{3}\right) = -\frac{1}{6}$

25. $m - \frac{9}{10} = \frac{1}{5}$

26. $n - 1\frac{1}{3} = -3$

27. $p + \frac{7}{12} = -\frac{1}{4}$

28. $c - 7.2 = -3.7$

29. $d - 0.16 = 2.3$

30. $\frac{1}{8} + a = -2\frac{1}{4}$

31. Stanley está ayudando en la biblioteca, reparando páginas rotas. Ha cortado tiras de cinta adhesiva con largos de $5\frac{1}{2}$ pulg, $6\frac{7}{8}$ pulg, $3\frac{3}{4}$ pulg y $4\frac{3}{16}$ pulg. ¿Cuál es el largo total de la cinta adhesiva que ha usado?

_____

Práctica 4-5

Halla cada producto o cociente. Escribe cada respuesta como una fracción o un número mixto en su mínima expresión.

1. $-\frac{1}{6} \cdot 2\frac{3}{4}$ _____

2. $\frac{3}{16} \div \left(-\frac{1}{8}\right)$ _____

3. $-\frac{31}{56} \cdot (-8)$ _____

4. $-5\frac{7}{12} \div 12$ _____

5. $-8 \div \frac{1}{4}$ _____

6. $-3\frac{1}{6} \div \left(-2\frac{1}{12}\right)$ _____

7. $8\frac{3}{4} \cdot 3\frac{7}{8}$ _____

8. $-\frac{11}{12} \div \frac{5}{6}$ _____

9. $4\frac{9}{28} \cdot (-7)$ _____

10. $-1\frac{1}{15} \div 15$ _____

11. $-3 \div \frac{3}{4}$ _____

12. $-2\frac{7}{8} \div 3\frac{3}{4}$ _____

13. $-\frac{23}{24} \cdot (-8)$ _____

14. $\frac{7}{8} \cdot \left(-\frac{2}{7}\right)$ _____

15. $-7 \div \frac{1}{9}$ _____

16. $-6\frac{5}{6} \div \frac{1}{6}$ _____

17. $-8 \cdot 3\frac{3}{4}$ _____

18. $\frac{7}{10} \cdot \left(-3\frac{1}{4}\right)$ _____

19. $5 \cdot \left(-3\frac{5}{6}\right)$ _____

20. $-\frac{8}{9} \div \left(-3\frac{2}{3}\right)$ _____

21. $2\frac{1}{3} \div \frac{2}{3}$ _____

Resuelve cada ecuación.

22. $\frac{1}{3}a = \frac{3}{10}$

23. $-\frac{3}{4}b = 9$

24. $-\frac{7}{8}c = 4\frac{2}{3}$

_____

25. $\frac{5}{6}n = -3\frac{3}{4}$

26. $-\frac{3}{5}x = 12$

27. $-2\frac{2}{3}y = 3\frac{1}{3}$

_____

28. $\frac{7}{12}y = -2\frac{4}{5}$

29. $2\frac{1}{4}z = -\frac{1}{9}$

30. $2\frac{1}{5}d = -\frac{1}{2}$

_____

31. Una libra de harina contiene aproximadamente cuatro tazas. Una receta pide $2\frac{1}{4}$ tazas de harina. ¿Cuántas recetas completas puedes hacer con una bolsa de dos libras de harina?

32. Kim tiene que envolver cinco paquetes. Para cada paquete, necesita $2\frac{1}{2}$ pies de papel. ¿Cuántos paquetes puede envolver con un rollo de 12 pies de papel?

33. Gina y Paul están haciendo pizza para el elenco y el equipo de la obra de la escuela. Estiman que los niños comerán $\frac{1}{2}$ pizza cada uno. Estiman que las niñas comerán $\frac{1}{3}$ de pizza. En la obra están trabajando 7 niños y 10 niñas. ¿Cuántas pizzas tienen que hacer?

Práctica 4-6

Fórmulas

Halla el área y el perímetro de cada figura.

1.
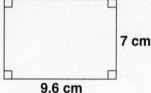
7 cm

9.6 cm

_____

_____

2.
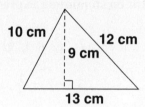
10 cm   12 cm

9 cm

13 cm

_____

_____

3.
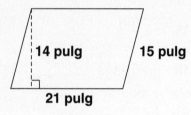
14 pulg   15 pulg

21 pulg

_____

_____

4.
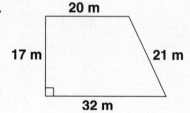
20 m

17 m   21 m

32 m

_____

_____

Escribe una ecuación para hallar la solución de cada problema.
Resuelve la ecuación. Luego da la solución del problema.

5. Los Kent salieron de casa a las 7.00 a.m. y viajaron 400 mi hasta la casa de sus padres. Llegaron a las 3.00 p.m. ¿Cuál fue su velocidad promedio?

6. Un avión voló durante 4 h 30 min a una velocidad promedio de 515 mi/h. ¿Qué distancia recorrió?

_____

7. Marcia remó en su bote 18 mi río abajo a razón de 12 mi/h. ¿Cuánto duró el viaje?

_____

Usa la fórmula $F = \frac{9}{5}C + 32$ ó $C = \frac{5}{9}(F - 32)$ para hallar la temperatura en grados Fahrenheit, °F, o en grados Celsius, °C, para resolver los ejercicios 8 a 11.

8. ¿Cuál es la temperatura en grados Fahrenheit cuando estamos a 0 °C?

9. ¿Cuál es la temperatura en grados Fahrenheit cuando estamos a 100 °C?

_____

10. ¿Cuál es la temperatura en grados Celsius cuando estamos a −4 °F?

11. ¿Cuál es la temperatura en grados Celsius cuando estamos a 77 °F?

_____

Práctica 4-7

Soluciona cada problema comprobando y revisando, o trabajando en sentido inverso.

1. Álex retiró algo de dinero del banco para hacer compras. Gastó dos tercios de lo que retiró en comestibles. Gastó $25 en un suéter. Gastó la mitad de lo que le quedaba en un collar. Volvió a casa con $15. ¿Cuánto retiró Álex del banco?

   _____

2. El sábado, Jill se encontró con sus amigas en el cine a las 2 p.m. después de lavar ventanas. Le tomó $\frac{3}{4}$ h lavar las ventanas de la primera casa. Le tomó el doble de ese tiempo lavar las ventanas de la casa siguiente. La última casa le tomó $1\frac{1}{2}$ h. Después de eso, tardó $\frac{1}{2}$ h en caminar hasta el cine. ¿A qué hora empezó Jill a lavar ventanas?

   _____

3. Si empiezas con un número, sumas 4, multiplicas por 3, restas 10 y luego divides por 4, el resultado es 5. ¿Cuál es el número?

   _____

4. Phil tuvo un día ocupado con su grúa. No regresó al garaje hasta las 4.00 p.m. Le tomó $1\frac{3}{4}$ h llevar el vehículo de regreso al garaje desde la útima llamada. La llamada anterior a ésa le llevó a Phil el doble de ese tiempo. Se tomó media hora para almorzar. Una llamada de la mañana le tomó solamente media hora, pero la anterior a ésa le había llevado cinco veces ese tiempo. ¿A qué hora empezó a trabajar Phil?

   _____

5. Una pelota está rebotando en el piso. Después de cada rebote, la altura que alcanza la pelota es la mitad de la anterior. Después del quinto rebote, la altura de la pelota es de 6 pulg. ¿Cuál es la altura de la pelota antes del primer rebote?

   _____

6. Si empiezas con un número, restas 4, multiplicas por $\frac{1}{4}$, sumas 6 y luego divides por 2, el resultado es 10. ¿Cuál es el número?

   _____

7. Matt gastó $\frac{1}{5}$ de su dinero en un boleto para un concierto. Gastó $60 en una chaqueta nueva y $2.50 en el pasaje de autobús. Volvió a casa con $17.50. ¿Cuánto dinero tenía al comienzo?

   _____

8. Bob vende macetas en exposiciones de artesanías. En la primera exposición, vendió un cuarto de sus macetas. En la siguiente exposición, vendió 14 más. En la tercera vendió la mitad de lo que le quedaba. En la cuarta exposición, vendió las 20 restantes. ¿Cuántas macetas vendió Bob?

   _____

Nombre _____ Clase _____ Fecha _____

Práctica 4-8
Explorar raíces cuadradas y números irracionales

Halla cada raíz cuadrada. Si es necesario, redondea a la décima más cercana.

1. $\sqrt{81}$
9

2. $\sqrt{76}$
9

3. $\sqrt{121}$
11

4. $\sqrt{289}$
17

5. $\sqrt{130}$
11

6. $\sqrt{8}$
2

7. $\sqrt{144}$
12

8. $\sqrt{160}$
13

9. $\sqrt{182}$
13

10. $\sqrt{256}$
16

11. $\sqrt{301}$
17

12. $\sqrt{350}$
19

13. $\sqrt{361}$
19

14. $\sqrt{410}$
20

15. $\sqrt{441}$
21

16. $\sqrt{500}$
22

Identifica cada número como racional o irracional.

17. $\sqrt{16}$
Irracional

18. $\sqrt{11}$
irracional

19. $\sqrt{196}$
racional

20. $\sqrt{200}$
Irracional

21. $\sqrt{1,521}$
racional

22. $\sqrt{785}$
irracional

23. $\sqrt{529}$
racional

24. $\sqrt{1,680}$
irracional

25. $\sqrt{2,000}$
irracional

26. $\sqrt{3,969}$
racional

27. $\sqrt{3,192}$

28. $\sqrt{15,376}$

29. $\frac{4}{5}$
iracicional

30. $0.\overline{712}$
irracional

31. -8
irracional

32. $\sqrt{3}$
irracional

33. 5.2
irracional

34. 52
irracional

35. $-\sqrt{25}$
racional

36. $\sqrt{306}$
irracional

37. 2.7064
racional

Halla cada raíz cuadrada. Donde sea necesario, redondea a la décima más cercana.

38. $\sqrt{5}$
2

39. $\sqrt{4}$
2

40. $\sqrt{3}$
2

41. $\sqrt{245}$

42. $\sqrt{21}$
5

43. $\sqrt{50}$
7

Práctica 4-9

Halla la longitud que falta. Si es necesario, redondea la respuesta a la décima más cercana.

1.

17 cm
15 cm

_____

2.

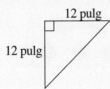

12 pulg
12 pulg

_____

3.

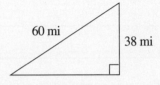

9 m
12 m

_____

4.

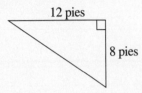

12 pies
8 pies

_____

5.

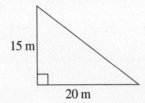

15 m
20 m

_____

6.

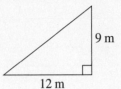

60 mi
38 mi

_____

¿Es el triángulo con los lados de las longitudes dadas un triángulo rectángulo?

7. 8 cm, 12 cm, 15 cm

_____

8. 9 pulg, 12 pulg, 15 pulg

_____

9. 5 m, 12 m, 25 m

_____

10. 15 pulg, 36 pulg, 39 pulg

_____

11. 10 m, 20 m, 25 m

_____

12. 7 mm, 24 mm, 25 mm

_____

13. 9 yd, 40 yd, 41 yd

_____

14. 10 cm, 25 cm, 26 cm

_____

15. 27 yd, 120 yd, 130 yd

_____

16. 11 mi, 60 mi, 61 mi

_____

Te dan tres círculos, como los de abajo. Los puntos *A, B, C, D, E, F* y *G* se encuentran en la misma recta. Halla cada longitud redondeada a la décima más cercana.

17. *HD* _____   **18.** *IE* _____   **19.** *JD* _____

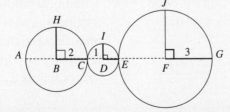

Práctica 5-1

Razones y tasas

Escribe tres razones que cada diagrama pueda representar.

1.

_____

_____

_____

_____

2.

_____

_____

_____

_____

3.
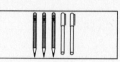

_____

_____

_____

_____

Escribe cada razón en su mínima expresión.

4. 9 cm : 12 cm

5. 20 pulg de 25 pulg

6. 16 pies a 24 pies

7. $\frac{6\ m}{21\ m}$

8. 100 yd a 85 yd

9. $\frac{18\ km}{30\ km}$

10. 6 pulg a 2 pies

11. 10 min a 3 h

12. 20 s a 5 min

Usa calculadora, papel y lápiz o el cálculo mental para hallar cada tasa unitaria.

13. $67.92 por 4 gal

14. $21.00 por 6 h

15. 250 mi en 4 h

16. 141 palabras en 3 min

17. $5.94 por 6 claveles

18. 36 min para 12 canciones

La tabla de la derecha muestra los resultados de una encuesta. Escribe cada razón en su mínima expresión y como un decimal, redondeado a la centésima más cercana.

¿Qué quieres comer en la fiesta?

Tacos	Pizza
̶H̶H̶ //// ̶H̶H̶	̶H̶H̶ ̶H̶H̶ ̶H̶H̶ /

19. *Tacos* a *Pizza* _____

20. *Pizza* a *Tacos* _____

21. *Tacos* al total _____

22. *Pizza* al total _____

23. ¿Cuál es la mejor compra: una caja de 16 oz de cereal por $3.89 o una caja de 6 oz de cereal por $1.55?

24. Una bolsa contiene 8 canicas amarillas y 6 canicas azules. ¿Qué cantidad de canicas amarillas puedes agregar a la bolsa para que la razón entre las canicas amarillas y las azules sea de 2 : 1?

Práctica 5-2

Elige una unidad de medida angloamericana apropiada.

1. longitud de una engrapadora

2. peso de una galleta

3. capacidad de una tetera

_____

4. altura de una puerta

5. distancia a la luna

6. peso de un avión

_____

Elige una unidad métrica apropiada.

7. masa de un gato

8. longitud de un patio de recreo

9. capacidad de una probeta

_____

10. longitud de un insecto

11. capacidad de una tina

12. masa de una moneda

_____

Usa el análisis dimensional para convertir cada medida. Redondea la respuesta a la centésima más cercana cuando sea necesario.

13. 56 pulg = _?_ pies

14. 240 d = _?_ h

15. 4 gal = _?_ pt

16. 0.75 d = _?_ h

17. 2.25 T = _?_ lb

18. 84 pies = _?_ yd

19. 0.25 d = _?_ min

20. 18 d = _?_ h

21. 0.01 T = _?_ oz

Usa el análisis dimensional para resolver cada problema.

22. En una época no se permitía que los trenes fueran a más de 12 mi/h. ¿A cuántas yardas por minuto equivale esto?

23. Un mosquito puede volar a 0.6 mi/h. ¿A cuántas pulgadas por segundo equivale esto?

24. Un charrán ártico voló 11,000 millas en 115 días. ¿Cuántos pies por minuto hizo en promedio el ave?

25. Un estornudo puede viajar hasta a 100 mi/h. ¿A cuántos pies por segundo equivale esto?

Usa números compatibles para hallar una aproximación razonable.

26. 118 pulg son aproximadamente _?_ pies.

27. 3,540 segundos son aproximadamente _?_ horas.

Práctica 5-3

Resolución de problemas: Escribir una ecuación

Resuelve cada problema escribiendo una ecuación.

1. El departamento de educación física tiene un conjunto de 40 cuerdas de saltar. Hay 4 veces más cuerdas rojas que cuerdas azules. ¿Cuántas cuerdas hay de cada color?

   _____

2. Un refrigerio se hace de cereales y nueces. En un recipiente de 28 oz, hay 1 onza más de cereales que el doble de las onzas de nueces. ¿Cuántas onzas de cada uno hay en el refrigerio?

   _____

3. La feria local vende boletos para menores y para adultos. El precio de un boleto para menores es $5 y el precio de un boleto para adultos es $8. El viernes la feria hizo su mejor venta; asistieron 1,050 personas. La feria ganó $7,350. ¿Cuántos boletos de cada tipo se vendieron?

   _____

4. Un producto para limpiar baños contiene 1 parte de blanqueador por 4 partes de agua. Si necesitas 10 partes del producto, ¿cuánta agua y cuánto blanqueador necesitas?

   _____

5. Tu maestra tiene sobre el escritorio un recipiente con canicas amarillas y canicas verdes. Tu maestra dice que hay 3 veces más canicas verdes que canicas amarillas y que hay 164 canicas en total. ¿Cuántas de cada una hay en el recipiente?

   _____

Usa cualquier estrategia para resolver cada problema. Muestra tu trabajo.

6. De 24 estudiantes encuestados, 6 pertenecen al club de música, 8 pertenecen al club de matemáticas y 5 pertenecen a los dos. ¿Cuántos estudiantes no pertenecen a ningún club?

   _____

7. Quieres alfombrar una habitación que tiene 9 pies de largo y 4 yd de ancho. El precio de una yarda cuadrada de alfombra es de $8.95. ¿Cuánta alfombra necesitas?

   _____

8. Imagina que compraste unas estampillas de 32¢ y unas de 20¢. Gastaste $3.92 en dieciséis estampillas. ¿Cuántas compraste de cada una?

   _____

Práctica 5-4

Resolver proporciones

Resuelve cada proporción.

1. $\frac{3}{8} = \frac{m}{16}$ _____

2. $\frac{9}{4} = \frac{27}{x}$ _____

3. $\frac{18}{6} = \frac{j}{1}$ _____

4. $\frac{b}{18} = \frac{7}{6}$ _____

5. $\frac{12}{q} = \frac{3}{4}$ _____

6. $\frac{3}{2} = \frac{15}{r}$ _____

7. $\frac{5}{x} = \frac{25}{15}$ _____

8. $\frac{80}{20} = \frac{4}{n}$ _____

Estima la solución de cada proporción.

9. $\frac{m}{25} = \frac{16}{98}$ _____

10. $\frac{7}{3} = \frac{52}{n}$ _____

11. $\frac{30}{5.9} = \frac{k}{10}$ _____

12. $\frac{2.8}{j} = \frac{1.3}{2.71}$ _____

13. $\frac{y}{12} = \frac{2.89}{4.23}$ _____

14. $\frac{5}{8} = \frac{b}{63}$ _____

15. $\frac{9}{4} = \frac{35}{d}$ _____

16. $\frac{c}{7} = \frac{28}{50}$ _____

Resuelve cada proporción.

17. $\frac{4}{5} = \frac{b}{40}$

18. $\frac{11}{7} = \frac{88}{c}$

19. $\frac{x}{1.4} = \frac{28}{5.6}$

20. $\frac{0.99}{a} = \frac{9}{11}$

21. $\frac{42.5}{20} = \frac{x}{8}$

22. $\frac{15}{25} = \frac{7.5}{y}$

23. $\frac{16}{b} = \frac{56}{38.5}$

24. $\frac{z}{54} = \frac{5}{12}$

25. $\frac{8}{12} = \frac{e}{3}$

26. $\frac{v}{35} = \frac{15}{14}$

27. $\frac{60}{n} = \frac{12}{5}$

28. $\frac{6}{16} = \frac{9}{w}$

29. $\frac{4}{7} = \frac{r}{35}$

30. $\frac{18}{16} = \frac{27}{t}$

31. $\frac{n}{12} = \frac{12.5}{15}$

32. $\frac{27}{f} = \frac{40.5}{31.5}$

33. 5 es a 8 como 15 es a w

34. y es a 8 como 22.5 es a 10

35. 14 es a b como 28 es a 18

36. 10 es a 7 como m es a 10.5

37. 30 es a 16 como j es a 8

38. r es a 17 como 81 es a 51

Escribe una proporción para cada situación. Luego resuelve.

39. Jaime pagó $1.29 por tres sujetadores para pantalones. A ese precio, ¿cuánto le costarán ocho sujetadores?

40. Según una etiqueta, hay 25 calorías en cada porción de carne de pavo. ¿Cuántas calorías hay en 2.5 porciones?

41. Arturo pagó $8 de impuestos por una compra de $200. A esa tasa, ¿de cuánto será el impuesto por una compra de $150?

42. Chris recorrió en carro 200 mi en 4 h. A esa velocidad, ¿cuánto le habría tomado a Chris recorrer 340 mi?

Nombre _____ Clase _____ Fecha_____

Práctica 5-5
Figuras semejantes y proporciones

Di si cada par de polígonos es semejante. Explica por qué.

1.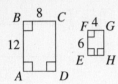

2.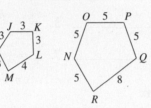

3.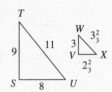

_____

4.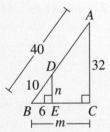

5.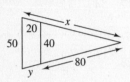

6.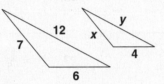

_____

Los ejercicios 7 a 14 muestran pares de polígonos semejantes. Halla las longitudes desconocidas.

7.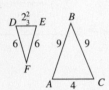

8.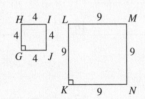

9.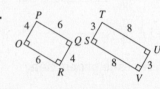

_____

10.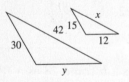

11.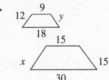

12.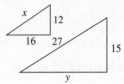

_____

13.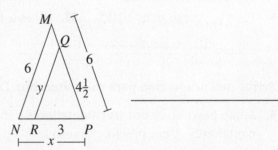

14.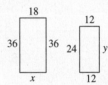

_____

Resuelve.

15. Se está televisando un espectáculo de rock. El cantante, que mide 75 pulgadas de altura, mide 15 pulgadas de alto en un monitor de TV. La imagen del bajista en el monitor es de 13 pulgadas de alto. ¿Qué altura tiene el bajista?

16. Una guitarra de 42 pulgadas de largo tiene una longitud de 10.5 pies en la pantalla de un estadio. Un tambor tiene 21 pulgadas de ancho. ¿Qué ancho tiene esta imagen en la pantalla del estadio?

Práctica 5-6

Transformaciones de semejanzas

**Representa gráficamente las coordenadas del cuadrilátero *ABCD*.
Halla las coordenadas de su imagen *A′B′C′D′*, que resulta después
de una dilatación con el factor de escala dado.**

1. $A(2, -2), B(3, 2), C(-3, 2), D(-2, -2)$;
   factor de escala 2

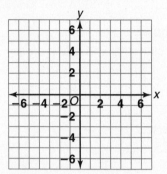

2. $A(6, 3), B(0, 6), C(-6, 2), D(-6, -5)$;
   factor de escala $\frac{1}{2}$

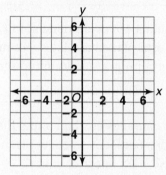

**El cuadrilátero *A′B′C′D′* es una dilatación del cuadrilátero *ABCD*. Halla el
factor de escala. Clasifica cada dilatación como ampliación o reducción.**

3.

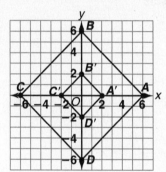

4.

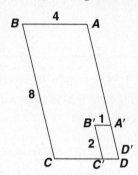

5.

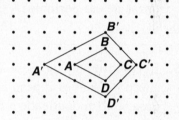

_____   _____   _____

6. Un triángulo tiene las coordenadas $A(-2, -2)$ $B(4, -2)$ y $C(1, 1)$.
   Representa gráficamente su imagen $A′B′C′$, que resulta después de
   una dilatación con el factor de escala $\frac{3}{2}$.
   Da las coordenadas de $A′B′C′$ y la razón de las áreas de las figuras
   $A′B′C′$ y ABC.

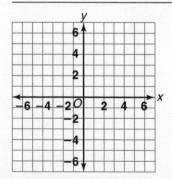

_____

Práctica 5-7

Resuelve cada problema.

1. Se está construyendo el modelo a escala de una ballena. La verdadera longitud de la ballena es de 65 pies. La escala del modelo es 2 pulg : 3 pies. ¿Cuál será la longitud del modelo?

   _____

2. La rana más pequeña conocida tiene sólo $\frac{1}{2}$ pulg de longitud. Un museo local de ciencias está planeando hacer un modelo de la rana. La escala usada será 3 pulg: $\frac{1}{4}$ pulg. ¿Qué longitud tendrá el modelo?

   _____

3. En un mapa, dos ciudades estaban a una distancia de $2\frac{1}{4}$ pulg entre sí. En realidad, las dos ciudades se encuentran a una distancia de 56.25 mi. ¿Qué escala se usó para hacer el mapa?

   _____

4. Cuatro onzas de cierto perfume cuestan $20.96. ¿Cuánto costarán seis onzas de ese perfume?

   _____

5. El cerebro humano pesa alrededor de 1 lb por cada 100 lb del peso del cuerpo. ¿Cuál es el peso aproximado del cerebro de una persona que pesa 85 lb, redondeado a la onza más cercana?

   _____

6. Dos pueblos se encuentran a una distancia de 540 km. Si la escala del mapa es de 2 cm a 50 km, ¿a qué distancia están los pueblos en el mapa?

   _____

7. Las latas de atún de $6\frac{1}{2}$ oz cuestan $1.59. A ese precio, ¿cuánto costarían 25 oz de atún?

   _____

8. Los estudiantes están construyendo el modelo de un volcán. El volcán tiene alrededor de 8,000 pies de alto. Los estudiantes quieren que el modelo tenga una altura de 18 pulg. ¿Qué escala deben usar?

   _____

9. Un cierto tono de pintura requiere 3 partes de azul por 2 partes de amarillo por 1 parte de rojo. Si se necesitan 18 gal de ese tono de pintura, ¿cuántos gal de azul hacen falta?

   _____

Práctica 5-8

Semejanzas y mediciones indirectas

Halla *x* en cada figura.

1.

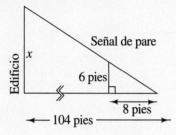

Señal de pare

Edificio *x*

6 pies

8 pies

104 pies

_____

2.

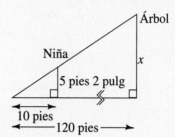

Árbol

Niña

x

5 pies 2 pulg

10 pies

120 pies

_____

3.

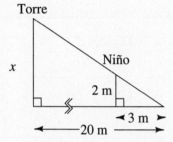

Torre

Niño

x

2 m

3 m

20 m

_____

4.

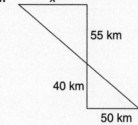

x

55 km

40 km

50 km

_____

5.

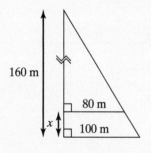

160 m

80 m

x

100 m

_____

6.

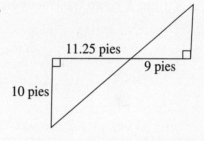

11.25 pies

9 pies

10 pies

_____

Resuelve.

7. Un edificio de oficinas de 55 pies de altura proyecta un sombra de 30 pies de longitud. ¿Qué altura tiene una persona parada junto a él, que proyecta una sombra de 3 pies de longitud?

_____

8. Un poste de 20 pies proyecta una sombra de 12 pies de longitud. ¿Qué altura tiene un edificio junto a él, que proyecta una sombra de 20 pies de longitud?

_____

9. Una torre de vigilancia proyecta una sombra de 30 pies de longitud. Un árbol junto a ella proyecta una sombra de 8 pies de longitud. ¿Qué altura tiene la torre de vigilancia, si el árbol mide 20 pies?

_____

10. Una casa proyecta un sombra de 12 m de longitud. Un árbol del jardín proyecta una sombra de 8 m de longitud. ¿Qué altura tiene el árbol, si la casa tiene 12 m de alto?

_____

Nombre _____ Clase _____ Fecha_____

Práctica 5-9

Las razones seno y coseno

Halla cada razón trigonométrica como una fracción en su mínima expresión.

1. sen J

_____

2. cos J

_____

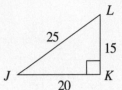

3. sen L

_____

4. cos L

_____

Halla cada razón seno o coseno, redondeada a la diez milésima más cercana.

5. sen 48°

_____

6. cos 57°

_____

7. sen 18°

_____

8. cos 18°

_____

9. sen 89°

_____

10. cos 89°

_____

11. sen 37°

_____

12. cos 8°

_____

13. sen 54°

_____

14. cos 62°

_____

15. sen 75°

_____

16. cos 15°

_____

Usa el teorema de Pitágoras para hallar n en los ejercicios 17 a 19. Luego escribe sen X, cos X y tan X como fracciones en su mínima expresión.

17.

18.

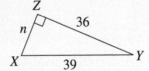

19.

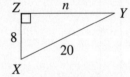

_____

_____

_____

_____

Contesta a cada pregunta.

20. Un hombre parado sobre un precipicio vertical de 135 pies mira hacia abajo en un ángulo de 16° y ve a su amigo. ¿A qué distancia está el hombre de su amigo? ¿A qué distancia está el amigo de la base del precipicio?

_____

21. Un árbol de 12 pies cayó contra una casa durante una tormenta eléctrica. El árbol formó un ángulo de 56° con el suelo. ¿A qué distancia de la casa está la base del árbol?

_____

Nombre _____ Clase _____ Fecha _____

Práctica 6-1
Fracciones, decimales y porcentajes

Usa el cálculo mental para escribir cada decimal como un porcentaje.

1. 0.95 _____   **2.** 0.06 _____   **3.** 0.004 _____   **4.** 0.27 _____

5. 0.63 _____   **6.** 0.005 _____   **7.** 1.4 _____   **8.** 2.57 _____

Elige calculadora o papel y lápiz para escribir cada fracción como un porcentaje. Redondea a la décima de porcentaje más cercana.

9. $\frac{4}{5}$ _____   **10.** $\frac{7}{10}$ _____   **11.** $\frac{5}{6}$ _____   **12.** $4\frac{1}{2}$ _____

13. $\frac{5}{8}$ _____   **14.** $\frac{1}{15}$ _____   **15.** $\frac{9}{25}$ _____   **16.** $1\frac{7}{8}$ _____

17. $\frac{1}{6}$ _____   **18.** $\frac{11}{12}$ _____   **19.** $\frac{1}{20}$ _____   **20.** $3\frac{9}{20}$ _____

Usa el cálculo mental para escribir cada porcentaje como un decimal.

21. 70% _____   **22.** 10% _____   **23.** 800% _____   **24.** 37% _____

25. 2.6% _____   **26.** 234% _____   **27.** 9% _____   **28.** $3\frac{1}{2}$% _____

Escribe cada porcentaje como una fracción en su mínima expresión.

29. 10% _____   **30.** 47% _____   **31.** $5\frac{1}{2}$% _____   **32.** 473% _____

33. 15% _____   **34.** 92% _____   **35.** $3\frac{1}{4}$% _____   **36.** 548% _____

37. 85% _____   **38.** 42% _____   **39.** 70% _____   **40.** 150% _____

Resuelve.

41. Hay doce pares de nervios craneanos conectados al cerebro. Diez de estos pares están relacionados con la vista, el olfato, el gusto y el oído. ¿Qué porcentaje de los pares de nervios está relacionado con la vista, el olfato, el gusto y el oído?

_____

42. Si una persona pesa 150 lb y el calcio compone 3 lb del peso de esa persona, ¿qué porcentaje del peso de la persona compone el calcio?

_____

43. Un inspector de control de calidad encontró que 7 de cada 200 linternas producidas estaban defectuosas. ¿Qué porcentaje de linternas *no* estaban defectuosas?

_____

44. En 1992, 80 variedades de reptiles estaban en la lista de especies en peligro de extinción. Ocho de ellas se encontraban solamente en Estados Unidos. ¿Qué porcentaje de reptiles de la lista de especies en peligro de extinción se encontraban solamente en Estados Unidos?

_____

Curso 3 Capítulo 6Lección 6-1 Práctica   **45**

Práctica 6-2

Estima.

1. 6% de 140

2. 18.9% de 44

3. 61% de 180

4. 5.1% de 81

5. $16\frac{1}{2}$% de 36

6. 81% de 241

7. 67% de 300

8. 51% de 281

9. 62.9% de 400

10. 76% de 600

11. 88% de 680

12. 37% de 481

13. 19.1% de 380

14. 41% de 321

15. 33% de 331

16. 83% de 453

17. 76.3% de 841

18. 67.1% de 486

19. 84% de 93

20. 0.3% de 849

21. 81.2% de 974

22. 0.87% de 250

23. 57.9% de 500

24. 62% de 400

Estima.

25. De las 307 especies de mamíferos en peligro de extinción en 1992, el 12.1% de ellas se encontraban solamente en Estados Unidos. Estima la cantidad de especies de mamíferos de Estados Unidos que estaban en peligro de extinción.

26. En 1990, el 19% de las personas de Malí vivían en zonas urbanas. Si ese año la población era de 9,200,000 habitantes, estima el número de personas que vivían en zonas urbanas.

27. De los 1,267 estudiantes de la escuela, el 9.8% puede llegar a la escuela caminando. Estima el número de estudiantes que pueden llegar caminando.

28. De los 1,267 estudiantes de la escuela, el 54.6% tienen que tomar el autobús. Aproximadamente, ¿cuántos estudiantes tienen que tomar el autobús?

segmentos

Práctica 6-3

Escribe una proporción que te ayude a responder el problema. Luego resuelve cada problema.

1. ¿Qué porcentaje es 21 de 50?

_____

2. ¿Cuánto es el 45% de 72?

_____

3. 83 es el 70% ¿de qué número?

_____

4. ¿Qué porcentaje es 45 de 65?

_____

Usa una proporción para resolver cada problema.

5. El 78% de 58 es _____.

6. 86 es el 12% de_____.

7. 90 es_____de 65.

8. 40 es el 17% de_____.

9. 57 es el 31% de_____.

10. El 280% de_____es 418.

11. El 53% de 92 es _____.

12. 56 es el 25% de_____.

13. 51 es el_____de 14.

14. ¿Qué porcentaje es 18 de 42?

_____

15. 58 es el 40% ¿de qué número?

_____

16. ¿Cuánto es el 70% de 93?

_____

17. ¿Qué porcentaje es 240 de 150?

_____

18. ¿Qué porcentaje es 40 de 16?

_____

19. 65 es el 60% ¿de qué número?

_____

20. ¿Cuánto es el 175% de 48?

_____

21. ¿Qué porcentaje es 210 de 70?

_____

22. ¿Qué porcentaje es 7 de 56?

_____

23. 68 es el 50% ¿de qué número?

_____

24. ¿Cuánto es el 63% de 148?

_____

25. ¿Qué porcentaje es 215 de 400?

_____

Resuelve.

26. En 1990, la población de El Paso, Texas, era de 515,342 habitantes. De esta población, el 69% era de origen hispano. ¿Cuántas personas eran de origen hispano?

_____

27. Bangladesh abarca 55.598 mi^2. De este territorio, 2,224 mi^2 son prados y pastos. ¿Qué porcentaje del territorio son prados y pastos?

_____

Práctica 6-4

Usa una ecuación para resolver cada problema. Redondea a la décima más cercana.

1. ¿Qué porcentaje es 25 de 80? _____
2. 8.6 es el 5% ¿de qué número? _____
3. ¿Cuánto es el 140% de 85? _____
4. ¿Qué porcentaje es 70 de 120? _____
5. ¿Qué porcentaje es 42 de 90? _____
6. ¿Qué porcentaje es 18.4 de 10? _____
7. 82 es el 56% ¿de qué número? _____
8. Halla el 93% de 150. _____
9. 120 es el 30% ¿de qué número? _____
10. ¿Qué porcentaje es 7 de 420? _____
11. ¿Qué porcentaje es 79 de 250? _____
12. 9.1 es el 3% ¿de qué número? _____
13. ¿Cuánto es el 94% de 260? _____
14. ¿Qué porcentaje es 45 de 18? _____
15. ¿Qué porcentaje es 157 de 280? _____
16. ¿Qué porcentaje es 20.7 de 8? _____
17. 75 es el 114% ¿de qué número? _____
18. Halla el 72% de 18,495. _____
19. 200 es el 75% ¿de qué número? _____
20. ¿Qué porcentaje es 15 de 940? _____
21. ¿Qué porcentaje es 80 de 450? _____
22. Halla el 65% de 2,190. _____
23. ¿Qué porcentaje es 90 de 40? _____
24. ¿Qué porcentaje es 45 de 900? _____
25. 82 es el 90% ¿de qué número? _____
26. 50 es el 120% ¿de qué número? _____

Resuelve.

27. En una encuesta reciente, 216 personas, o el 54% de los encuestados, dijeron que cuando salían a comer generalmente iban a un restaurante familiar. ¿A cuántas personas se encuestó?

28. En una encuesta escolar, 248 estudiantes, o el 32% de los encuestados, dijeron que trabajaban a tiempo parcial durante el verano. ¿A cuántos estudiantes se encuestó?

29. Juliet vendió una casa por $112,000. ¿Qué porcentaje de comisión recibió, si ganó $6,720?

30. Jason gana $200 por semana más el 8% de comisión sobre sus ventas. ¿De cuánto fueron las ventas de Jason la semana pasada, si ganó $328?

31. Stella recibe un 2% de derechos sobre un libro que escribió. ¿Cuánto dinero ganó su libro en ventas el año pasado, si ella recibió $53,000 de derechos?

32. Linda gana $40 básicos por semana más el 10% de comisión sobre todas las ventas. ¿De cuánto fueron las ventas, si ganó $112 en una semana?

33. Kevin vendió una casa por $57,000. Sus honorarios, o comisión por la venta de la casa, fueron de $2,679. ¿Qué porcentaje del precio de la casa fue la comisión de Kevin?

34. Marik acordó pagar el 6.5% de comisión a un agente inmobiliario para que venda su casa. Si la casa se vendió en $68,900, ¿cuánto tiene que pagar Marik de comisión al agente?

Práctica 6-5

Porcentaje de cambio

• •

**Halla cada porcentaje de cambio. Indica en tu respuesta si es un aumento
o una disminución. Redondea a la décima de porcentaje más cercana.**

1. 15 a 20

_____

2. 18 a 10

_____

3. 10 a 7.5

_____

4. 86 a 120

_____

5. 17 a 34

_____

6. 32 a 24

_____

7. 27 a 38

_____

8. 40 a 10

_____

9. 8 a 10

_____

10. 43 a 86

_____

11. 100 a 23

_____

12. 846 a 240

_____

13. 130 a 275

_____

14. 193 a 270

_____

15. 436 a 118

_____

16. 457 a 318

_____

17. 607 a 812

_____

18. 500 a 118

_____

19. 346 a 843

_____

20. 526 a 1,000

_____

21. 1,000 a 526

_____

22. 489 a 751

_____

23. 286 a 781

_____

24. 846 a 957

_____

Resuelve.

25. En 1995, el precio de una impresora láser
era de $1,299. En 2002, el precio del mismo
tipo de impresora había caído a $499. Halla
el porcentaje de disminución.

_____

26. La cantidad ganada en carreras de trotones
en 1991 fue de $1.238 millones. En 1992, la
cantidad fue de $1.38 millones. ¿Cuál fue el
porcentaje de aumento?

_____

27. En 1980, había en Chicago alrededor
de 3 millones de personas. En 1990, la
población era de unos 2.8 millones de
habitantes. Halla el porcentaje de
disminución en la población de Chicago.

_____

28. El año pasado Caryn medía 58 pulg de
altura. Este año mide 61 pulg de altura.
¿Cuál es el porcentaje de aumento de su
altura?

_____

29. El mes pasado Dave pesaba 175 lb. Este
mes pesa 164 lb. ¿Cuál es el porcentaje
de disminución en el peso de Dave?

_____

30. Entre 1 y 10 años de edad, una póliza de
seguro cuesta $3.84 por mes. A la edad de
11 años, la póliza aumenta a $6.12 por mes.
Halla el porcentaje de aumento.

_____

Práctica 6-6

Halla cada precio de venta. Redondea al centavo más cercano.

1. costo: $10.00
margen de ganancia: 60%

_____

2. costo: $12.50
margen de ganancia: 50%

_____

3. costo: $15.97
margen de ganancia: 75%

_____

4. costo: $21.00
margen de ganancia: 100%

_____

5. costo: $25.86
margen de ganancia: 70%

_____

6. costo: $32.48
margen de ganancia: 110%

_____

7. costo: $47.99
margen de ganancia: 160%

_____

8. costo: $87.90
margen de ganancia: 80%

_____

9. costo: $95.90
margen de ganancia: 112%

_____

10. costo: $120.00
margen de ganancia: 56%

_____

11. costo: $150.97
margen de ganancia: 65%

_____

12. costo: $2,000.00
margen de ganancia: 95%

_____

Halla cada precio de venta. Redondea al centavo más cercano.

13. precio regular: $10.00
porcentaje de descuento: 10%

_____

14. precio regular: $12.00
porcentaje de descuento: 15%

_____

15. precio regular: $18.95
porcentaje de descuento: 20%

_____

16. precio regular: $20.95
porcentaje de descuento: 15%

_____

17. precio regular: $32.47
porcentaje de descuento: 20%

_____

18. precio regular: $39.99
porcentaje de descuento: 25%

_____

19. precio regular: $42.58
porcentaje de descuento: 30%

_____

20. precio regular: $53.95
porcentaje de descuento: 35%

_____

21. precio regular: $82.99
porcentaje de descuento: 50%

_____

22. precio regular: $126.77
porcentaje de descuento: 62%

_____

23. precio regular: $250.98
porcentaje de descuento: 70%

_____

24. precio regular: $2,000.00
porcentaje de descuento: 15%

_____

Halla cada costo de la tienda. Redondea al centavo más cercano.

25. precio de venta: $55
margen de ganancia: 20%

_____

26. precio de venta: $25.50
margen de ganancia: 45%

_____

27. precio de venta: $79.99
margen de ganancia: 30%

_____

28. precio de venta: $19.95
margen de ganancia: 75%

_____

29. precio de venta: $95
margen de ganancia: 25%

_____

30. precio de venta: $64.49
margen de ganancia: 10%

_____

Práctica 6-7

Resolución de problemas: Escribir una ecuación

Usa cualquier estrategia para resolver cada problema. Muestra tu trabajo.

1. En un mapa, la distancia entre Wauseon y Archbold es de 8 cm. ¿Cuál es la verdadera distancia entre las ciudades, si 2.5 cm = 1 mi?

   _____

2. El club de teatro vendió boletos para adultos a $8 y boletos para menores a $5. Para la representación final se vendió un total de 226 boletos por $1,670. ¿Cuántos boletos de adultos se vendieron para la representación?

   _____

3. El presupuesto de los Caston aparece a la derecha. Acaban de enterarse que la cuota de su casa aumentará en $120. Sus ingresos no serán más de lo que son ahora, así que planean reducir cada una de las demás categorías en cantidades iguales. ¿Cuánto dinero podrán entonces presupuestar para las facturas?

Presupuesto de los Caston	
Categoría	Cantidad
Casa	$750
Alimentos	$400
Facturas	$350
Otros	$140

   _____

4. Rhonda sumó 140 a un tercio de un número y obtuvo el resultado de 216. ¿Cuál es el número?

   _____

5. La suma de tres números enteros consecutivos es 228. ¿Cuáles son los números enteros?

   _____

6. Angie tiene cantidades iguales de monedas de 10 centavos y de 25 centavos. El valor total de sus monedas es de $3.50. ¿Cuántas monedas de 10 centavos tiene?

   _____

7. ¿De cuántas maneras puedes acomodar las letras A, B, C y D en una hilera, si A y B nunca están la una junto a la otra?

   _____

8. Un mes, los padres de Meredith le duplicaron su mesada. Al mes siguiente, le aumentaron la mesada en $3. Al mes siguiente, le redujeron la mesada a la mitad. ¿Es ahora la mesada mayor o menor de lo que era originalmente? ¿Por cuánto?

   _____

Práctica 6-8

Interés simple e interés compuesto

Halla el saldo final de cada cuenta. Redondea tus respuestas al centavo más cercano.

1. $800 al 4.25% de interés simple durante 6 años

_____

2. $800 al 6% de interés compuesto anualmente durante 4 años

_____

3. $250 al 5% de interés simple por 3 años

_____

4. $900 al 8% de interés simple durante 1 año

_____

5. $1,250 al 5% de interés simple durante 2 años

_____

6. $1,250 al $4\frac{1}{2}$% de interés compuesto anualmente durante 3 años

_____

7. $1,500 al 4% de interés compuesto anualmente durante 4 años

_____

8. $1,750 al 5% de interés simple durante 2 años

_____

9. $2,000 al 6% de interés simple durante 3 años

_____

10. $2,000 al 6% de interés compuesto anualmente durante 3 años

_____

11. $2,500 al 6% de interés compuesto anualmente durante 3 años

_____

12. $4,000 al 6% de interés compuesto anualmente durante 3 años

_____

13. $5,000 al 5% de interés simple durante 10 años

_____

14. $6,000 al 5% de interés simple durante 6 años

_____

15. $5,000 al 5% de interés compuesto anualmente durante 10 años

_____

16. $6,000 al 5% de interés compuesto anualmente durante 8 años

_____

Resuelve.

17. Bill invierte $500. ¿A cuánto aumentarán en 20 años al 6% de interés compuesto anualmente?

_____

18. En el ejercicio 17, ¿cuánto menos tendrá Bill en la cuenta si el interés es simple?

_____

19. ¿Qué gana más interés compuesto: $1,000 al 5% durante 10 años o $1,000 al 10% durante 5 años? ¿Cuánto más?

_____

20. ¿Qué gana más interés simple: $1,000 al 5% durante 10 años o $1,000 al 10% durante 5 años? ¿Cuánto más?

_____

Nombre _____ Clase _____ Fecha _____

Práctica 6-9

Probabilidad

Se arroja un dardo al blanco que aparece a la derecha. Halla cada
probabilidad.

1. $P(A)$ _____

2. $P(B)$ _____

3. $P(C)$ _____

4. $P(A \text{ ó } B)$ _____

5. $P(B \text{ ó } C)$ _____

6. $P(A, B \text{ ó } C)$ _____

Una bolsa con globos desinflados contiene 10 globos rojos, 12 azules,
15 amarillos y 8 verdes. Se saca un globo al azar. Halla cada
probabilidad.

7. $P(\text{rojo})$ _____

8. $P(\text{azul})$ _____

9. $P(\text{amarillo})$ _____

10. $P(\text{verde})$ _____

11. ¿Cuál es la probabilidad de sacar un globo
que no sea amarillo?

12. ¿Cuál es la probabilidad de sacar un globo
que no sea rojo?

_____

_____

Resuelve.

13. a. Cada vez que entras en la tienda de
comestibles te dan un billete para el
sorteo semanal. La semana pasada fuiste
a la tienda una vez. Hay 1,200 billetes en
la caja. Halla la probabilidad de que
ganes.

b. Halla la probabilidad de que ganes, si la
semana pasada fuiste tres veces a la tienda
y hay 1,200 billetes en la caja.

_____

_____

14. Una bandeja de quesos contiene tajadas de queso suizo y de queso
cheddar. Si tomas al azar una tajada de queso, $P(\text{suizo}) = 0.45$.
Halla $P(\text{cheddar})$. Si sobre la bandeja hay 200 tajadas de queso,
¿cuántas tajadas de queso suizo hay en la bandeja?

_____

15. a. Haz una tabla para hallar el espacio
muestral de lanzar dos monedas.

b. Halla la probabilidad de que salgan
una cara y una cruz al lanzar dos monedas.

_____

Práctica 7-1

Escribe cada número en notación científica.

1. 45

2. 250

3. 90

4. 200

5. 670

6. 4,100

7. 500

8. 3,000

9. 43,200

10. 97,100

11. 38,050

12. 90,200

13. 480,000

14. 960,000

15. 8,750,000

16. 407,000

Escribe cada número en forma normal.

17. 3.1×10^1

18. 8.07×10^2

19. 4.96×10^3

20. 8.073×10^2

21. 4.501×10^4

22. 9.7×10^6

23. 8.3×10^7

24. 3.42×10^4

25. 2.86×10^5

26. 3.58×10^6

27. 8.1×10^1

28. 9.071×10^2

29. 4.83×10^9

30. 2.73×10^8

31. 2.57×10^5

32. 8.09×10^4

Ordena cada conjunto de números de menor a mayor.

33. $8.9 \times 10^2, 6.3 \times 10^3, 2.1 \times 10^4, 7.8 \times 10^5$

34. $2.1 \times 10^4, 2.12 \times 10^3, 3.46 \times 10^5, 2.112 \times 10^2$

35. $8.93 \times 10^3, 7.8 \times 10^2, 7.84 \times 10^3, 8.915 \times 10^4$

Escribe cada número en notación científica.

36. La retina del ojo contiene alrededor de 130 millones de células sensibles a la luz.

37. El gusano de seda de una morera puede tejer un hilo único de hasta 3,900 pies de longitud.

Práctica 7-2

Exponentes y multiplicación

Escribe cada expresión usando un exponente único.

1. $3^2 \cdot 3^5$

_____

2. $1^3 \cdot 1^4$

_____

3. $5^4 \cdot 5^3$

_____

4. $a^1 \cdot a^2$

_____

5. $(-y)^3 \cdot (-y)^2$

_____

6. $-z^3 \cdot z^9$

_____

7. $(3x) \cdot (3x)$

_____

8. $4.5^8 \cdot 4.5^2$

_____

9. $(5x) \cdot (5x)^3$

_____

10. $3^3 \cdot 3 \cdot 3^4$

_____

11. $x^2 y \cdot x y^2$

_____

12. $5x^2 \cdot x^6 \cdot x^3$

_____

Halla cada producto. Escribe las respuestas en notación científica.

13. $(3 \times 10^4)(5 \times 10^6)$

_____

14. $(9 \times 10^7)(3 \times 10^2)$

_____

15. $(7 \times 10^2)(6 \times 10^4)$

_____

16. $(3 \times 10^{10})(4 \times 10^5)$

_____

17. $(4 \times 10^5)(7 \times 10^8)$

_____

18. $(9.1 \times 10^6)(3 \times 10^9)$

_____

19. $(8.4 \times 10^9)(5 \times 10^7)$

_____

20. $(5 \times 10^3)(4 \times 10^6)$

_____

21. $(7.2 \times 10^8)(2 \times 10^3)$

_____

22. $(1.4 \times 10^5)(4 \times 10^{11})$

_____

Reemplaza cada __?__ con =, < ó >.

23. 3^8 __?__ $3 \cdot 3^7$

_____

24. 49 __?__ $7^2 \cdot 7^2$

_____

25. $5^3 \cdot 5^4$ __?__ 25^2

_____

26. Duplica el número 4.6×10^{15}. Escribe la respuesta en notación científica.

27. Triplica el número 2.3×10^3. Escribe la respuesta en notación científica.

Práctica 7-3

Simplifica cada expresión.

1. 8^{-2}

2. $(-3)^0$

3. 5^{-1}

4. 18^0

_____

5. 2^{-5}

6. 3^{-3}

7. 2^{-3}

8. 5^{-2}

_____

9. $\frac{4^4}{4}$

10. $8^6 \div 8^8$

11. $\frac{(-3)^6}{(-3)^8}$

12. $\frac{8^4}{8^0}$

_____

13. $1^{15} \div 1^{18}$

14. $7 \div 7^4$

15. $\frac{(-4)^8}{(-4)^4}$

16. $\frac{10^9}{10^{12}}$

_____

17. $\frac{7^5}{7^3}$

18. $8^4 \div 8^2$

19. $\frac{(-3)^5}{(-3)^8}$

20. $\frac{6^7}{6^8}$

_____

21. $\frac{b^{12}}{b^4}$

22. $\frac{g^9}{g^{15}}$

23. $x^{16} \div x^7$

24. $v^{20} \div v^{25}$

_____

Completa cada ecuación.

25. $\frac{1}{3^5} = 3^{\underline{?}}$

26. $\frac{1}{(-2)^7} = -2^{\underline{?}}$

27. $\frac{1}{x^2} = x^{\underline{?}}$

28. $\frac{1}{-125} = (-5)^{\underline{?}}$

_____

29. $\frac{1}{1,000} = 10^{\underline{?}}$

30. $\frac{5^{10}}{\underline{?}} = 5^5$

31. $\frac{z^{\underline{?}}}{z^8} = z^{-3}$

32. $\frac{q^5}{\underline{?}} = q^{-7}$

_____

Escribe cada número en notación científica.

33. 0.0007

34. 0.00000001

35. 0.000901

_____

36. 0.0000000091

37. 0.0000000001

38. 0.000032

_____

39. Escribe cada término como una potencia de 4 y escribe los tres términos siguientes de la secuencia 256, 64, 16, 4,…

_____

Práctica 7-4

Escribe cada expresión usando una base y un exponente.

1. $(5^3)^{-6}$

_____

2. $(-9^4)^{-2}$

_____

3. $(d^5)^6$

_____

4. $(8^{-3})^{-9}$

_____

5. $(4^{-3}, 4^{-2}, 4^{-1})^{-4}$

_____

6. $(y^8)^{-6}$

_____

7. $(v^3, v^6, v^9)^2$

_____

8. $(k^{-7})^{-5}$

_____

9. $((n^3)^2)^5$

_____

10. $((a^2)^2)^2$

_____

Simplifica cada expresión.

11. $(xyz)^6$

_____

12. $(10^2 \cdot x^7)^3$

_____

13. $(7y^8)^2$

_____

14. $(t^2 \cdot t^4)^5$

_____

15. $(4g)^3$

_____

16. $(x^5 y^4)^8$

_____

Usa >, < ó = para completar cada enunciado.

17. $7^3 \cdot 7^3 \underline{\ ?\ } (7^3)^3$

_____

18. $(6^{-2} \cdot 6^5)^3 \underline{\ ?\ } (6^3)^2$

_____

19. $(4^6)^0 \underline{\ ?\ } 4^6 \cdot 4^{-6}$

_____

20. Halla el área de un cuadrado cuyo lado es de 3×10^4 milímetros. Escribe la respuesta en notación científica.

_____

21. El 29 de octubre de 2002, el volcán Ijen tenía un cráter activo con un radio de 1,100 pies. Usando la fórmula del círculo $A = \pi r^2$, donde π es igual a 3.14, ¿cuál es el área del cráter?

_____

Práctica 7-5

Resolución de problemas: Escribir una ecuación

La tabla muestra los 10 condados de Estados Unidos con mayor
cantidad de población.

Clasificación (de 3,141 condados)	Nombre del condado	Estado	Población censada Abril 1, 1990	Abril 1, 2000
1	Condado de Los Ángeles	CA	8.9×10^6	9.6×10^6
2	Condado de Cook	IL	5.1×10^6	5.4×10^6
3	Condado de Harris	TX	2.8×10^6	3.4×10^6
4	Condado de Maricopa	AZ	2.1×10^6	3.1×10^6
5	Condado de Orange	CA	2.4×10^6	2.8×10^6
6	Condado de San Diego	CA	2.5×10^6	2.8×10^6
7	Condado de Kings	NY	2.3×10^6	2.5×10^6
8	Condado de Miami-Dade	FL	1.9×10^6	2.3×10^6
9	Condado de Queens	NY	2.0×10^6	2.2×10^6
10	Condado de Dallas	TX	1.9×10^6	2.2×10^6

Resuelve cada problema escribiendo una ecuación. Verifica tu respuesta.

1. En 1990, la población del condado de Pima, en Arizona, era
   aproximadamente 4 veces menos que la población del condado
   de Harris, en Texas. ¿Cuál era la población del condado de Pima
   en 1999?

   _____

2. En 2000, ¿cuál era la diferencia de población entre el condado de
   Cook y el condado de Queens?

   _____

3. ¿Alrededor de cuántas veces más grande era el condado de Los
   Ángeles que el condado de Cook en 1990?

   _____

4. En 2000, la población del condado de Orange, en Florida, era de
   896,344 habitantes. ¿Cuántas personas más vivían en el condado
   de Miami-Dade que en el condado de Orange en 2000?

   _____

5. El alcalde del condado de Kings, en Nueva York, espera que la
   población aumente aproximadamente en un 10% del 2000 al 2010.
   ¿Cuántas personas se prevé que habiten ese condado en 2010?

   _____

Nombre _____ Clase _____ Fecha _____

Práctica 7-6

Práctica 7-6 .... Sistemas numéricos

Escribe el valor decimal de cada número binario.

1. 11011_2

2. 100110_2

3. 10001_2

4. 11010_2

5. 110010_2

6. 110111_2

7. 110011_2

8. 11110_2

9. 11100_2

10. 1011001_2

11. 1101010_2

12. 10001111_2

13. 10001110_2

14. 1111111_2

15. 1001010_2

Escribe cada número decimal como un número binario.

16. 14

17. 22

18. 58

19. 63

20. 86

21. 102

22. 65

23. 101

El sistema numérico en base 5 usa los dígitos 0, 1, 2, 3 y 4 que tienen valores posicionales con potencias de 5. Escribe el valor decimal de cada número en base 5.

24. 123_5

25. 222_5

26. 431_5

El sistema numérico sextil (base 6) usa los dígitos 0, 1, 2, 3, 4 y 5 que tienen valores posicionales con potencias de 6. Escribe el valor decimal de cada número en sistema sextil.

27. 111_6

28. 214_6

29. 152_6

Nombre _____ Clase _____ Fecha_____

Práctica 8-1

Nombra un par de ángulos opuestos por el vértice y un par de
ángulos adyacentes de cada figura. Halla $m\angle 1$.

1.

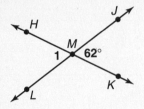

_____

_____

_____

2.

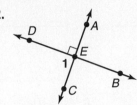

_____

_____

_____

3.

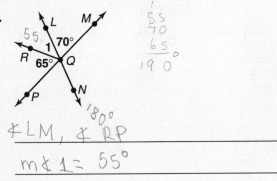

$\not\angle LM, \not\angle RP$

$m\angle 1 = 55°$

4.

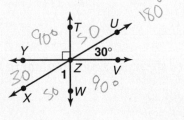

$\not\angle XW, \not\angle WV, \not\angle UV, \not\angle YX$

$m\angle 1 = 50$

Halla la medida del suplementario y el complementario de cada ángulo.

5. $10°$ **6.** $38°$ **7.** $42.5°$ **8.** $n°$

_____   _____   _____   _____

Usa el diagrama de la derecha para resolver los ejercicios 9 a 14.
Decide si cada uno de los siguientes enunciados es verdadero o falso.

9. $\angle GAF$ y $\angle BAC$ son ángulos opuestos por el vértice. _____

10. $\angle EAF$ y $\angle EAD$ son ángulos adyacentes. _____

11. $\angle CAD$ es suplementario de $\angle DAF.$ _____

12. $\angle CAD$ es complementario de $\angle EAF.$ _____

13. $m\angle GAC = 90°$ _____

14. $m\angle DAF = 109°$ _____

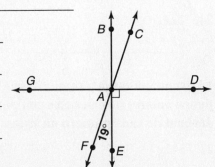

Práctica 8-2

Ángulos y rectas paralelas

Identifica cada par de ángulos como *opuestos por el vértice,*
adyacente, correspondiente, alterno interno o *ninguno de estos.*

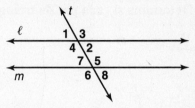

1. ∠7, ∠5

_____

2. ∠1, ∠2

_____

3. ∠1, ∠5

_____

4. ∠1, ∠7

_____

5. ∠4, ∠7

_____

6. ∠4, ∠5

_____

Usa el diagrama de la derecha para resolver los ejercicios 7 y 8.

7. Menciona cuatro pares de ángulos correspondientes.

_____

8. Menciona dos pares de ángulos internos alternos.

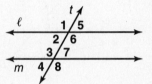

_____

**Halla la medida de cada ángulo numerado en cada uno de los
siguientes diagramas,** ℓ ∥ m.

9.

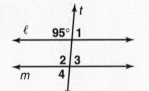

$m\angle 1 =$ ___85°___

$m\angle 2 =$ ___95°___

$m\angle 3 =$ ___85°___

$m\angle 4 =$ ___85°___

10.

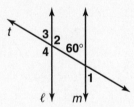

$m\angle 1 =$ _____

$m\angle 2 =$ _____

$m\angle 3 =$ _____

$m\angle 4 =$ _____

11.

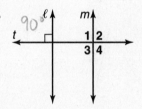

$m\angle 1 =$ _____

$m\angle 2 =$ _____

$m\angle 3 =$ _____

$m\angle 4 =$ _____

12. Usa la figura de la derecha. ¿Es la recta ℓ paralela a la recta m?
Explica cómo podrías usar un transportador para sustentar tu
conjetura.

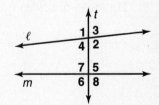

_____

_____

_____

Práctica 8-3

Polígonos congruentes

Determina si cada par de triángulos es congruente. Explica tu respuesta.

1.

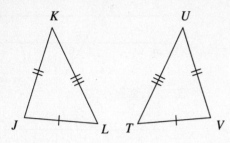

2.

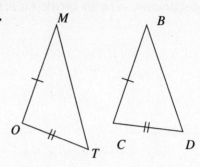

_____   _____

3.

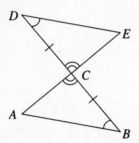

4.

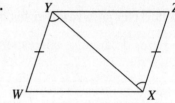

_____   _____

Determina si en los ejercicios 5 a 7 cada triángulo es congruente con el △XYZ de la derecha.

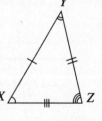

5.

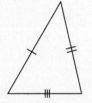

6.

7.

_____   _____   _____

Usa los triángulos de la derecha para resolver los ejercicios 8 y 9.

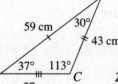

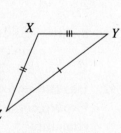

8. △XYZ ≅ _____ por _____

9. Halla las medidas que faltan en el △XYZ.

_____

_____

Práctica 8-4

Resolución de problemas: Resolver un problema más sencillo y buscar un patrón

• •

Soluciona cada problema resolviendo un problema más sencillo. Luego busca un patrón.

1. Una serie de números se puede representar con puntos dispuestos según el siguiente patrón. Si el patrón continúa de la misma manera, ¿qué número representará la décima figura?

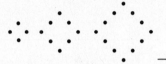 _____

2. El lunes, Alma envió 4 tarjetas; el martes, 8 tarjetas; el miércoles, 16 tarjetas y el jueves, 28 tarjetas. Si este patrón continúa, ¿cuántas tarjetas envió Alma el sábado?

_____

3. Halla el número siguiente en el patrón 2, 2, 4, 6, 10, 16, 26,…

_____

Elige una estrategia o una combinación de estrategias para resolver cada problema.

4. Jen tomó un número, le sumó 9, a la suma la multiplicó por 8 y luego restó 11. El resultado fue 133. ¿Con qué número empezó Jen?

_____

5. A Ajani le ofrecieron un trabajo en el cual le pagaban $.01 el primer día, $.02 el segundo día, $.04 el tercer día, $.08 el cuarto día y así sucesivamente. ¿En qué día recibió Ajani el primer pago superior a $100?

_____

6. Bruno y Grete trabajan en una florería. Al mediodía, Bruno ha hecho el doble de canastas de flores de las que hizo Grete. Desde el mediodía hasta las 3.00 p.m., Grete hizo 6 canastas más, y Bruno hizo sólo 1 más. A las 5.00 p.m., Grete había hecho 10 canastas de flores más, mientras que Bruno había hecho solamente 3 más. A las 5.00 p.m., Bruno había hecho un total de 4 canastas menos que las que Grete hizo en todo el día. ¿Cuántas canastas de flores hizo cada uno en total?

_____

7. Doug lava su ropa en la lavandería automática cada seis días. Janelle lava la suya cada quince días. Si los dos lavaron la ropa el primero de mayo, ¿cuándo volverán a lavar su ropa el mismo día?

_____

• •

Práctica 8-5

Clasificar triángulos y cuadriláteros

Determina cuál es el mejor nombre para cada cuadrilátero. Explica tu elección.

1.
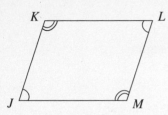

_____
_____
_____

2.
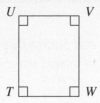

_____
_____
_____

3.
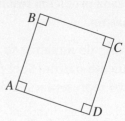

_____
_____
_____

4.
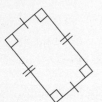

_____
_____
_____

5.

_____
_____
_____

6.
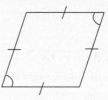

_____
_____
_____

7.
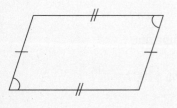

_____
_____
_____

8.

_____
_____
_____

9. $\triangle ABC \cong \triangle CDA$
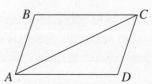

_____
_____
_____

Clasifica cada triángulo según sus lados y sus ángulos. Explica tu elección.

10.

_____
_____
_____

11.
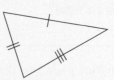

_____
_____
_____

12.
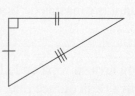

_____
_____
_____

Práctica 8-6

Ángulos y polígonos

Clasifica cada polígono según el número de lados.

1.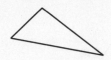
_____

2.
_____

3.
_____

4.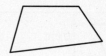
_____

5. un polígono de 8 lados
_____

6. un polígono de 10 lados
_____

7. Halla la medida de cada ángulo de un hexágono regular.
_____

8. Las medidas de cuatro ángulos de un pentágono son 143°, 118°, 56° y 97°. Halla la medida del ángulo que falta.
_____

9. ¿Cuál es la suma de las medidas de los ángulos de una figura que tiene 9 lados?
_____

10. ¿Cuál es la suma de las medidas de los ángulos de una figura que tiene 11 lados?
_____

11. Cuatro ángulos de un hexágono miden 53°, 126°, 89° y 117°. ¿Cuál es la suma de las medidas de los otros dos ángulos?
_____

12. Cuatro de los ángulos de un heptágono miden 109°, 158°, 117° y 89°. ¿Cuál es la suma de las medidas de los otros tres ángulos?
_____

13. Completa la tabla con el número total de diagonales que pueden trazarse desde todos los vértices de cada polígono. Ya tienes hechos los tres primeros.

Polígono	Número de lados	Número de diagonales
triángulo	3	0
rectángulo	4	2
pentágono	5	5
hexágono		
heptágono		
octágono		
nonágono		
decágono		

14. En la tabla que completaste en el ejercicio 13, ¿qué patrón ves? Explica tu respuesta.
_____

Práctica 8-7

Área de los polígonos

Halla el área de cada polígono.

1.

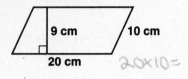

9 cm   10 cm

20 cm $20 \times 10 =$

$210 \, m^2$

2.

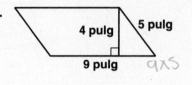

4 pulg   5 pulg

9 pulg 9×5

$45 \, pulg^2$

3.

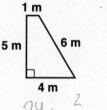

1 m

5 m   6 m

4 m

$24 \, m^2$

4.

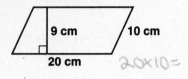

6.2 yd

3.4   3.5 yd

6.2

$21.70 \, yd^2$

5.

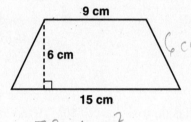

9 cm

6 cm   6 cm

15 cm

$72 \, cm^2$

6.

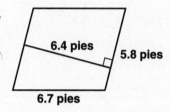

6.4 pies   5.8 pies

6.7 pies

$38.86 \, pies^2$

7.

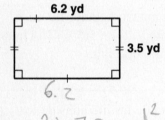

9 cm

8.5 cm

10 cm

$86 \, cm^2$.

8.

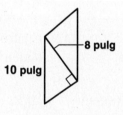

8 pulg

10 pulg

$64 \, pulg^2$

9.

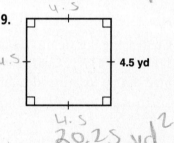

4.5

4.5   4.5 yd

4.5

$20.25 \, yd^2$

10. El área de un paralelogramo es de 221 yd². Su altura es de 13 yd. ¿Cuál es la longitud de la base correspondiente?

$2,873 \, yd^2$

11. El área de un paralelogramo es de 116 cm². Su base es de 8 cm. ¿Cuál es la altura correspondiente?

$928 \, cm^2$

Halla el área de cada triángulo.

12.

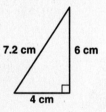

7.2 cm   6 cm

4 cm

$12 \, cm$

13.

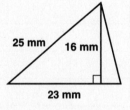

25 mm   16 mm

23 mm

287.5 .

14.

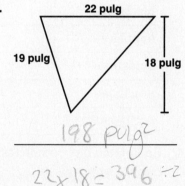

22 pulg

19 pulg   18 pulg

$198 \, pulg^2$

$22 \times 18 = 396 \div 2$

Práctica 8-8

Circunferencias y área de los círculos

Halla la circunferencia y el área de cada círculo. Redondea a la centésima más cercana.

1.
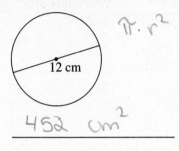
$\pi \cdot r^2$
12 cm

452 cm²

2.
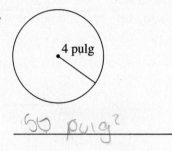
4 pulg

50 pulg²

3.
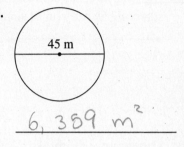
45 m

6,359 m²

4.
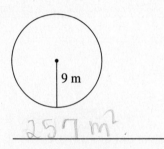
9 m

257 m²

5.
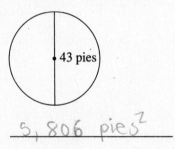
43 pies

5,806 pies²

6.
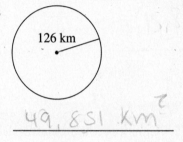
126 km

49,851 km²

Halla la circunferencia de un círculo con el diámetro o el radio dados. Para π, usa $\frac{22}{7}$.

7. $d = 70$ cm

18,900 cm²

8. $r = 14$ cm

616 cm²

9. $d = 35$ pulg

3,850 pulg²

Halla el radio y el diámetro de un círculo con la circunferencia dada. Redondea a la centésima más cercana.

10. $C = 68$ cm

14,519 cm²

11. $C = 150$ m

70,650 m²

12. $C = 218$ pulg

149,225 pulg²

13. Usa la figura de la derecha. Halla el área de la región sombreada. Redondea tu respuesta a la centésima más cercana.

El area es 16 pulg².

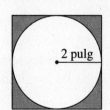
2 pulg

Práctica 8-9

Usa compás y regla para hacer cada construcción.

1. Construye el segmento $\overline{YZ}$ de manera que sea congruente con el segmento dado $\overline{AB}$.

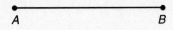

A   B

2. Construye el $\angle PQR$ de manera que sea congruente con el $\angle DEF$ dado.

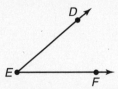

3. Dibuja un $\angle G$ obtuso. Construye un ángulo congruente con el $\angle G$.

4. Usa el transportador para dibujar el $\angle XYZ$ con $m\angle XYZ = 36°$. Luego usa compás y regla para construir el $\angle RST$ con la misma medida.

5. Construye la mediatriz del segmento $\overline{JK}$ dado.

J   K

6. Construye la bisectriz del ángulo $\angle PRS$.

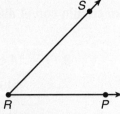

R   P

7. Para completar el triángulo TUV, usa las siguientes figuras. Construye primero el $\overline{TU}$ desde el rayo dado con el extremo U. Hazlo congruente con el $\overline{CD}$. Luego dibuja el $\overline{TV}$.

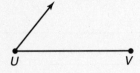

U   V

C   D

a. A juzgar por las apariencias, ¿qué podrías decir de las longitudes TU y TV?

_____

b. ¿Cómo podrías usar el compás para verificar tu observación en la parte a?

_____

_____

_____

Práctica 9-1

Describe en cada caso la(s) base(s) de la figura y da el nombre de la figura.

1.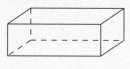

_____

_____

2.

_____

_____

3.

_____

_____

4.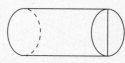

_____

_____

5.

_____

_____

6.

_____

_____

7.

_____

_____

8.

_____

_____

Nombra cada cuerpo geométrico de acuerdo con su descripción.

9. bola de bolos   **10.** videograbadora   **11.** lata de sopa   **12.** embudo

_____   _____   _____   _____

Completa.

13. Un _____ tiene exactamente dos bases circulares.

14. Un prisma hexagonal tiene _____ caras.

15. Un cubo tiene _____ aristas.

16. Una pirámide pentagonal tiene _____ caras.

17. Una pirámide pentagonal tiene _____ aristas.

18. Un prisma rectangular tiene _____ vértices.

Nombra la figura descrita.

19. Una figura espacial de seis caras cuadradas congruentes.

_____

20. Una figura espacial de bases paralelas que son congruentes, círculos paralelos.

_____

21. En una hoja de papel para gráficas, traza un prisma rectangular.

Práctica 9-2

Dibujar vistas de cuerpos tridimensionales.

Dibuja un plano base para cada conjunto de cubos apilados.

1.
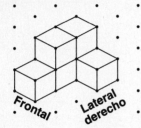

2.
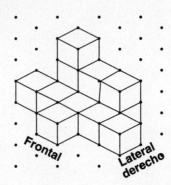

Dibuja las vistas superior, frontal y lateral derecha de cada figura.

3.
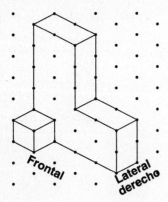

4.
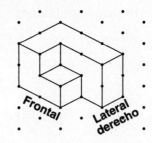

Práctica 9-3

Plantillas y figuras tridimensionales

Enumera las figuras que componen la plantilla de cada figura y escribe el número de veces que se usa cada figura.

1. prisma triangular

_____

_____

2. pirámide pentagonal

_____

_____

3. cilindro

_____

_____

4. pirámide triangular

_____

_____

5. cono

_____

_____

6. prisma hexagonal

_____

_____

7. Dibuja la plantilla de una caja rectangular de 9 cm de largo, 5 cm de ancho y 3 cm de alto.

8. Dibuja la plantilla de un cilindro cuya altura sea de 8 pulg y cuyo radio sea de 3 pulg.

Identifica el cuerpo geométrico que forma cada plantilla.

9.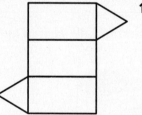

_____

_____

10.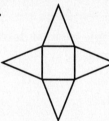

_____

_____

11.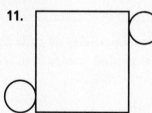

_____

_____

12.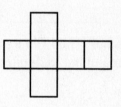

_____

_____

13. ¿Qué figura tridimensional se puede hacer con esta plantilla?

_____

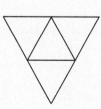

Nombre _____ Clase _____ Fecha _____

Práctica 9-4

Área total de prismas y cilindros

Usa una plantilla o una fórmula para hallar el área total de cada figura, redondeada a la unidad cuadrada más cercana.

1.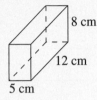

8 cm
12 cm
5 cm

_____

2.

8 m 15 m
6 m

_____

3.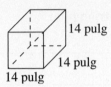

14 pulg
14 pulg
14 pulg

_____

4.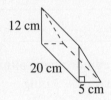

12 cm
20 cm
5 cm

_____

5.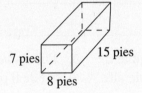

7 pies 15 pies
8 pies

_____

6.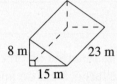

8 m 23 m
15 m

_____

7.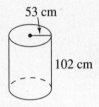

53 cm
102 cm

_____

8.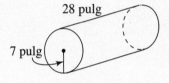

28 pulg
7 pulg

_____

9.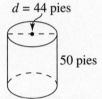

$d = 44$ pies
50 pies

_____

Rachel y Sam van a pintar las superficies de cada figura que están al descubierto. Halla el área que van a pintar, redondeada a la unidad cuadrada más cercana.

10.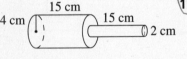

15 cm
4 cm 15 cm
2 cm

_____

11.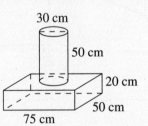

30 cm
50 cm
20 cm
50 cm
75 cm

_____

12.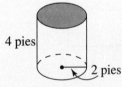

4 pies
2 pies

Este cilindro no tiene base superior.

_____

Halla el área lateral y el área total de cada figura. Redondea a la unidad cuadrada más cercana.

13.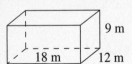

9 m
18 m 12 m

_____

14.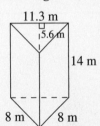

11.3 m
5.6 m
14 m
8 m 8 m

_____

15.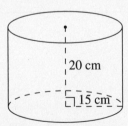

20 cm
15 cm

_____

Práctica 9-5

Área total de pirámides y conos

Usa una plantilla para hallar el área total de cada pirámide cuadrada, redondeada a la unidad cuadrada más cercana.

1.
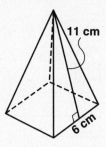
11 cm
6 cm

_____

2.
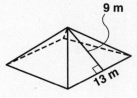
9 m
13 m

_____

3.
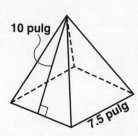
10 pulg
7.5 pulg

_____

Halla el área lateral de cada pirámide, redondeada a la unidad cuadrada entera más cercana.

4.

14 m
2 m

_____

5.
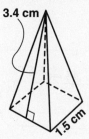
3.4 cm
1.5 cm

_____

6.
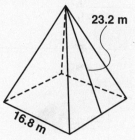
23.2 m
16.8 m

_____

Halla el área total de cada cono, redondeada a la unidad cuadrada más cercana.

7.

14 pies
8 pies

_____

8.
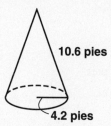
10.6 pies
4.2 pies

_____

9.
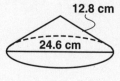
12.8 cm
24.6 cm

_____

Halla el área lateral de cada cono, redondeada a la unidad cuadrada más cercana.

10.

23.4 m
18.02 m

_____

11.
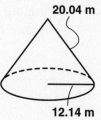
20.04 m
12.14 m

_____

12.

17.3 pulg
6.90 pulg

_____

Práctica 9-6

Volumen de prismas y cilindros

Halla el volumen de cada cuerpo geométrico, redondeado a la unidad entera más cercana.

1.
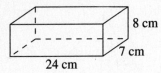
8 cm
7 cm
24 cm

_____

2.
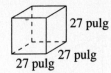
27 pulg
27 pulg
27 pulg

_____

3.
24 yd   12 yd
16 yd

_____

4.
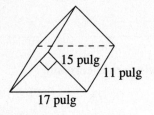
15 pulg
11 pulg
17 pulg

_____

5.
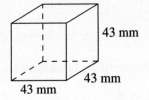
43 mm
43 mm
43 mm

_____

6.
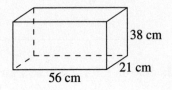
38 cm
21 cm
56 cm

_____

7.
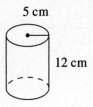
5 cm
12 cm

_____

8.
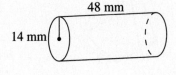
48 mm
14 mm

_____

9.
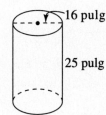
16 pulg
25 pulg

_____

10.
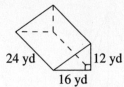
28 pulg
26 pulg

_____

11.
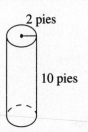
2 pies
10 pies

_____

12.
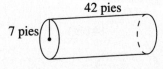
42 pies
7 pies

_____

13. Imagina que quieres comprar concreto para un patio de 36 pies por 24 pies por 9 pulg. Si el concreto cuesta $55/yd^3, ¿cuánto costará el concreto para el patio?

_____

14. Un cilindro tiene un volumen aproximado de 500 cm^3 y una altura de 10 cm. ¿Cuál es la longitud del radio, redondeada al décimo de cm más cercano?

_____

Práctica 9-7

Volumen de pirámides y conos

Halla el volumen de cada figura, redondeado a la unidad cúbica más cercana.

1.

5 cm
6 cm
6 cm

_____

2.
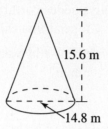
15.6 m
14.8 m

_____

3.
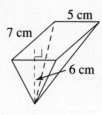
5 cm
7 cm
6 cm

_____

4.
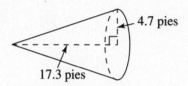
4.7 pies
17.3 pies

_____

5.
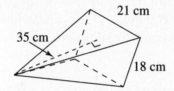
21 cm
35 cm
18 cm

_____

6.
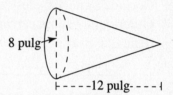
8 pulg
12 pulg

_____

Dado el volumen y las demás dimensiones, halla la dimensión faltante de cada figura tridimensional, redondeada a la décima más cercana.

7. pirámide rectangular, $b = 8$ m, $h = 4.6$ m, $V = 88$ m^3

_____

8. cono, $r = 5$ pulg, $V = 487$ pulg^3

_____

9. pirámide cuadrada, $l = 14$ yd, $V = 489$ yd^3

_____

10. pirámide cuadrada, $h = 8.9$ cm, $V = 56$ cm^3

_____

11. cono, $h = 18$ cm, $V = 986$ cm^3

_____

12. cono, $r = 5.5$ pies, $V = 592$ pies^3

_____

13. Halla el volumen de un prisma rectangular de 4 pies por 2 pies por 3 pies con un agujero cilíndrico de 6 pulg de radio que lo atraviesa por el centro.

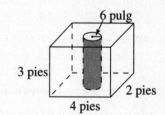
6 pulg
3 pies
2 pies
4 pies

_____

14. Margarite tiene una lata cilíndrica de palomitas de maíz que tiene 18 pulg de alto y un radio de 4 pulg. Quiere usar la lata para otra cosa y necesita guardar las palomitas de maíz en una caja. La caja tiene 8 pulg de largo, 8 pulg de ancho y 14 pulg de alto. ¿Cabrán las palomitas de maíz en la caja? Explica tu respuesta.

_____

Práctica 9-8

Resolución de problemas: Hacer un diagrama y una tabla

Elige una estrategia o una combinación de estrategias para resolver cada problema.

1. En un trozo de cartón de 11 pulg por 14 pulg, puedes cortar esquinas cuadradas y obtener un patrón para doblar y formar una caja sin tapa.

   a. ¿Qué dimensiones de las esquinas, redondeadas a la pulgada cuadrada más cercana, darán el mayor volumen?

   _____

   b. ¿Cuál es el mayor volumen de la caja, redondeado a la décima más cercana?

   _____

2. Corinda tiene 400 pies de cerca para hacer un área de juegos. Quiere que el área cercada sea rectangular. ¿Qué dimensiones tiene que usar para encerrar la máxima área posible?

   _____

3. El salón comedor de un restaurante mide 100 pies por 150 pies. La altura del salón es de 9 pies. Si las pautas de ocupación recomiendan por lo menos 150 pies^3 por persona, ¿cuál es la cantidad máxima de personas que puede haber en el salón?

   _____

4. Maurice vive en el punto A. La biblioteca está en el punto B. ¿Cuántas rutas diferentes puede tomar Maurice desde su casa hasta la biblioteca, si solamente va hacia la derecha y hacia abajo, y nunca retrocede?

   _____

   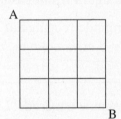

5. Los números enteros pares consecutivos desde 2 hasta n son 2, 4, 6,..., n. El cuadrado de la suma de los números enteros es 5,184. ¿Cuál es el valor de n?

   _____

6. Un ciclista tiene que recorrer 120 mi. Un día recorre el 40% de la distancia. Al día siguiente recorre el 60% de la distancia restante. ¿Cuánto más tiene que recorrer?

   _____

Usa el blanco que aparece a la derecha.

7. Se arrojan tres dardos al blanco. Si cada dardo da en el blanco, ¿cuántos puntajes totales *diferentes* son posibles?

   _____

   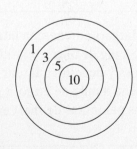

8. Si se arrojan tres dardos al blanco y cada dardo da en una zona distinta, halla el número máximo de puntos obtenidos.

   _____

Práctica 9-9

Explorar cuerpos geométricos semejantes

Completa la tabla para cada prisma.

	Tamaño original		Dimensiones duplicadas		
	Dimensiones (m)	A. T. (m^2)	Dimensiones (m)	A.T. (m^2)	A.T. nueva ÷ A.T. anterior
1.	$2 \times 3 \times 4$				
2.	$5 \times 5 \times 9$				
3.	$7 \times 7 \times 7$				
4.	$8 \times 12 \times 15$				
5.	$15 \times 15 \times 20$				
6.	$32 \times 32 \times 32$				

7. ¿Qué conclusión puedes sacar?

_____

_____

8. Un prisma rectangular mide 8 cm por 10 cm por 15 cm. ¿Cuál es el volumen y el área total del prisma?

_____

9. Si cada una de las dimensiones del ejercicio 8 está reducida a la mitad, ¿cuál es el volumen nuevo y el área total nueva?

_____

Usa el prisma triangular de la derecha para resolver los ejercicios 10 y 11.

10. Halla el volumen y el área total.

_____

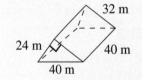

11. Si se duplica cada una de las dimensiones del prisma, ¿cuál es el volumen nuevo y el área total nueva?

_____

12. Un prisma rectangular mide 9 pulg de largo, 15 pulg de ancho y 21 pulg de alto. Se reduce la longitud a la mitad. ¿Qué le sucede al volumen?

_____

_____

13. Un prisma rectangular mide 8 cm de largo, 24 cm de ancho y 43 cm de alto. Se duplica la longitud y se triplica el ancho. ¿Qué le sucede al volumen?

_____

_____

Práctica 10-1

Usa los datos sobre medallas olímpicas de la derecha para resolver los ejercicios 1 a 3. Usa el espacio en blanco de abajo o una hoja de papel aparte.

1. Haz una tabla de frecuencia. No uses intervalos.

Medallas de oro Juegos Olímpicos de Invierno 2002	
País	**Medallas**
Alemania	12
Noruega	11
EE. UU.	10
Rusia	6
Canadá	6
Francia	4
Italia	4
Finlandia	4
Países Bajos	3
Suiza	3
Croacia	3
Austria	2
China	2
Corea	2
Australia	2

2. Haz un diagrama de puntos.

3. Haz un histograma.

Usa estas edades de los miembros de un club de ciclismo para resolver los ejercicios 4 y 5. Usa el espacio en blanco de abajo o una hoja de papel aparte.

19   16   10   14   15   19   13   14   15   16   21   14   12   14   16   13   13

4. Usando intervalos, presenta la información en una tabla de frecuencia.

   Ej. 3

5. Usa la tabla de frecuencia para hacer un histograma.

   Ej. 4

   Ej. 5

Práctica 10-2

Leer gráficas críticamente

Usa la siguiente gráfica para resolver los ejercicios 1 a 5.

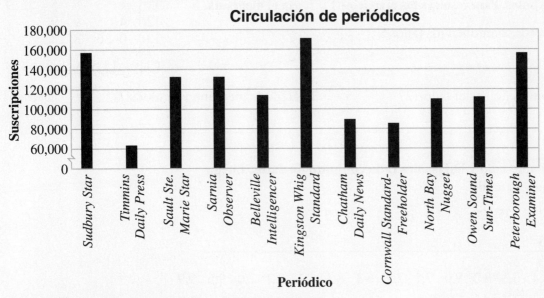

Circulación de periódicos

1. ¿Qué periódico parece tener el doble de circulación que *The Cornwall Standard-Freeholder*? _____

2. ¿Qué periódico tiene verdaderamente el doble de circulación que *The Cornwall Standard-Freeholder?* _____

3. ¿Alrededor de cuántas veces parece tener el *Belleville Intelligencer* la circulación de *Chatham Daily News*? _____

4. Explica por qué la gráfica da una impresión visual engañosa de los datos.

   _____

   _____

5. Vuelve a hacer la gráfica de modo que dé una impresión precisa de los datos.

Práctica 10-3

Diagramas de tallo y hojas

El diagrama de tallo y hojas de la derecha muestra los puntajes de
20 jugadores de bolos. Para resolver los ejercicios 1 a 3, usa el diagrama.

10	0 2 2 4 4 4
11	1 3 5 5 5 9
12	4 5 9 9
13	0 6 8 8

Clave 13 | 8 significa 138

1. ¿Qué números componen los tallos?

   _____

2. ¿Cuáles son las hojas del tallo 12?

   _____

3. Halla la mediana y la moda.

   _____

Haz un diagrama de tallo y hojas para cada conjunto de datos. Luego
halla la mediana y la moda.

4. 8 19 27 36 35 24 6 15 16 24 38 23 20

   _____

5. 8.6 9.1 7.4 6.3 8.2 9.0 7.5 7.9 6.3 8.1 7.1 8.2 7.0 9.6 9.9

   _____

6. 436 521 470 586 692 634 417 675 526 719 817

   _____

7. 17.9 20.4 18.6 19.5 17.6 18.5 17.4 18.5 19.4

   _____

El diagrama de tallo y hojas doble de la derecha muestra las temperaturas
altas y las temperaturas bajas registradas durante una semana en una
determinada ciudad. Para resolver los ejercicios 8 a 10, usa este diagrama.

Bajas		Altas
8 7	5	
4 3	6	5 9 9
2 1 0	7	2 5 6
	8	0

63 ← 3 | 6 | 5 → 65

8. Halla la media de las temperaturas altas.

   _____

9. Halla la mediana de las temperaturas bajas.

   _____

10. Halla la moda de las temperaturas altas.

    _____

11. Haz un diagrama de tallo y hojas doble para los siguientes datos.
    Luego halla la mediana y la moda.

    Conjunto A: 75 82 79 80 75 76 83 74 75 86 80 71 75 _____

    Cunjunto B: 71 73 75 80 79 80 74 80 74 79 76 80 81 _____

Práctica 10-4

Gráficas de caja y brazos
• •

Usa la gráfica de caja y brazos para hallar cada valor.

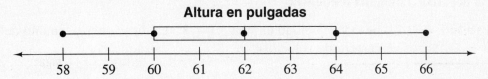

Altura en pulgadas

1. la altura mediana _____
2. el cuartil inferior _____
3. el cuartil superior _____
4. la altura mayor _____
5. la altura menor _____
6. el rango de las alturas _____

Haz una gráfica de caja y brazos para cada conjunto de datos.

7. 8 10 11 7 12 6 10 5 9 7 10

8. 20 21 25 18 25 15 27 26 24 23 20 20

9. Aerolíneas de carga de EE. UU. (1991)	
Aerolínea	**Carga ton/millas (en millones)**
Federal Express	3,622
Northwest	1,684
United	1,214
American	884
Delta	668
Continental	564
Pan American	377
Trans World	369
United Parcel Service	210

10. Inmigración a EE. UU. (1981-1990)	
País	**Número (en miles)**
México	1,656
Filipinas	549
China	347
Corea	334
Vietnam	281
República Dominicana	252
India	251
El Salvador	214
Jamaica	208
Reino Unido	159

Práctica 10-5

Hacer predicciones a partir de diagramas de dispersión

Di si un diagrama de dispersión hecho para cada conjunto de datos describiría una tendencia positiva, una tendencia negativa o ninguna tendencia.

1. cantidad de educación y salario anual

2. peso y velocidad en una carrera de velocidad

3. calificaciones y tamaño del calzado

_____   _____   _____

4. Haz un diagrama de dispersión que muestre en un eje el número de propietarios de viviendas y en el otro eje el número de propietarios de casas de veraneo. Si hay una tendencia, traza una línea de tendencia.

Residentes de Maintown		
Año	Propietarios de viviendas	Propietarios de casas de veraneo
1997–98	2,050	973
1996–97	1,987	967
1995–96	1,948	1,041
1994–95	1,897	1,043
1993–94	1,862	1,125
1992–93	1,832	1,126

5. Haz un diagrama de dispersión para los datos. Si hay una tendencia, traza una línea de tendencia.

Extensión de brazos contra altura		
Persona #	Extensión de brazos	Altura
1	156	162
2	157	160
3	159	162
4	160	155
5	161	160
6	161	162
7	162	170
8	165	166
9	170	170
10	170	167
11	173	185
12	173	176

6. Wynetta encontró la gráfica que aparece a la derecha. A la gráfica le faltaba el título. ¿Qué podría estar describiendo la gráfica?

velocidad

tiempo

_____

_____

Práctica 10-6

Gráficas circulares

Usa la gráfica circular para resolver los ejercicios 1 y 2.

1. ¿De qué grupo proviene alrededor de $\frac{1}{3}$ de los carros comprados?

   _____

2. Si un mes compraron carros usados 49,778 personas, estima cuántas personas los compraron a un concesionario.

   _____

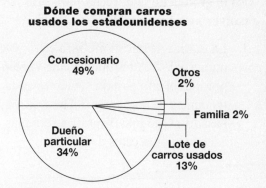

Dónde compran carros usados los estadounidenses

Concesionario 49%
Otros 2%
Familia 2%
Dueño particular 34%
Lote de carros usados 13%

Haz una gráfica circular para cada conjunto de datos.

3.

Actividad	Porcentaje del día
Dormir	25%
Escuela	25%
Trabajo	17%
Entretenimiento	17%
Comidas	8%
Tareas del hogar	8%

4.

Mascota preferida	Porcentaje
Perros	30%
Gatos	25%
Peces	12%
Aves	11%
Otros	22%

5.

Tipo de leche	Porcentaje
Descremada	27%
Bajo contenido graso	37%
Entera	36%

6.

Actividad	Porcentaje
Visitar a los amigos	26%
Hablar por teléfono	26%
Practicar deportes	19%
Ganar dinero	19%
Usar la computadora	10%

Práctica 10-7

Elegir una gráfica adecuada

Usa la gráfica de la derecha para resolver los ejercicios 1 y 2.

1. La gráfica de barras muestra el número de boletos que un cine vendió por mes el año pasado. Quieren ver la tendencia de las ventas del año pasado. ¿Qué tipo de gráfica será más adecuada para estos datos?

   _____

2. Haz la gráfica.

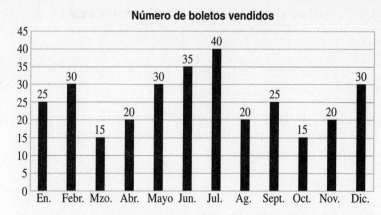

Número de boletos vendidos

Decide qué tipo de gráfica será la más adecuada para los datos. Explica tu elección.

3. tamaño de las granjas de EE. UU. desde 1950 hasta 2000

   _____

4. longitud de ríos

   _____

5. altura contra peso de los estudiantes de una clase

   _____

6. la forma en que una familia presupuesta sus ingresos

   _____

Práctica 10-8

Hacer un diagrama y usar el razonamiento lógico

Resuelve cada problema usando el razonamiento lógico para organizar la información en un diagrama.

1. Coloca en un diagrama de Venn los factores de 32 y de 24. ¿Cuáles son los factores comunes de 32 y de 24? ¿Cuál es el máximo común divisor?

_____

Factores
32: 1, 2, 4, 8, 16, 32
24: 1, 2, 3, 4, 6, 8, 12, 24

2. Un sondeo de materias preferidas de 30 estudiantes muestra que a 18 les gusta matemáticas, a 9 les gusta historia y a 10 les gusta inglés. A tres estudiantes les gustan las tres materias, a 3 les gustan matemáticas e historia, a 4 les gustan matemáticas e inglés y a 3 sólo les gusta inglés. ¿A cuántos estudiantes no les gusta ninguna de estas materias?

_____

3. A veintiséis estudiantes se les preguntó si trabajan o si pertenecen a un club. Dieciocho estudiantes trabajan y 15 pertenecen a un club. Cuatro estudiantes no hacen ninguna de las dos cosas. Coloca la información en un diagrama de Venn. ¿Cuántos estudiantes trabajan y pertenecen a un club?

_____

4. Una encuesta sobre clases de libros preferidos muestra que a 9 personas les gustan los de suspenso, a 10 les gustan las historias de aventuras y 8 disfrutan de las biografías. Tres personas leen solamente libros de suspenso e historias de aventuras, 4 leen solamente historias de aventura y biografías, 4 leen solamente libros de suspenso y 2 leen las tres clases de libros. ¿A cuántas personas se entrevistó?

_____

Elige una estrategia o una combinación de estrategias para resolver cada problema.

5. Marcy planea ahorrar $3 en enero, $4 en febrero, $6 en marzo y $9 en abril. Si continúa con este patrón, ¿cuánto dinero ahorrará en diciembre?

_____

6. Inez está construyendo una cerca alrededor de su jardín, que es cuadrado. Planea poner 8 postes a lo largo de cada lado. El diámetro de cada poste es de 6 pulgadas. ¿Cuántos postes habrá?

_____

7. Alain, Betina, Coley y Dimitri son artistas. Uno es alfarero, otro es pintor, otro es pianista y otro escribe canciones. Alain y Coley vieron tocar al pianista. Betina y Coley han modelado para el pintor. El escritor hizo una canción sobre Alain y Dimitri. Bettina es la alfarera. ¿Quién es el escritor de canciones?

_____

8. Luis está leyendo un libro de 520 páginas. Cuando haya leído 4 veces la cantidad de páginas que ya leyó, estará a 184 páginas del final. ¿Cuántas páginas ha leído Luis?

_____

Práctica 11-1

Haz un diagrama de árbol para mostrar todas las posibilidades.

1. Hoy la cafetería de la escuela ofrece una opción de pizza o espaguetis. Para beber, puedes tomar leche o jugo. De postre, puedes pedir budín o una manzana. Debes tomar una de cada opción.

2. Una tienda de ropa vende camisas de tres tamaños: pequeño, mediano y grande. Las camisas vienen con botones o con broches de presión. Los colores disponibles son azul o beige.

Usa el principio de conteo para resolver los ejercicios 3 a 8.

3. El menú de comidas de un restaurante ofrece 2 clases de aperitivos, 11 platos principales y 8 postres. ¿De cuántas combinaciones de comida se dispone?

   _____

4. Una escuela asigna a cada estudiante un número de código de 3 dígitos. ¿Cuántos códigos de 3 dígitos posibles hay? ¿Qué puede hacer que la escuela cambie a un sistema de 4 dígitos?

   _____

   _____

5. Un patrón para vestido ofrece dos estilos de falda, tres estilos de manga y cuatro cuellos diferentes. ¿Cuántas clases de vestidos distintos se pueden hacer con ese patrón?

   _____

6. En una clase de 250 estudiantes de octavo grado, 14 se postulan para presidente, 12 se postulan para vicepresidente, 9 se postulan para secretario y 13 se postulan para tesorero. ¿Cuántos resultados distintos de las elecciones de la clase son posibles?

   _____

7. El sistema de alarma de una casa tiene un código de 3 dígitos que se puede usar para desactivar el sistema. Si el dueño de casa olvida el código, ¿cuántos códigos distintos tiene que probar?

   _____

8. Para acceder a los archivos de una computadora, hay que ingresar una contraseña de 4 letras. ¿Cuántas contraseñas son posibles si no se repite ninguna letra y se admiten palabras sin sentido?

   _____

Práctica 11-2

Permutaciones

Simplifica cada expresión.

1. $6!$ **2.** $12!$ **3.** $9!$ **4.** $\frac{8!}{5!}$ **5.** $\frac{12!}{3!}$

6. $_9P_5$ **7.** $_8P_2$ **8.** $_{10}P_8$ **9.** $_5P_5$ **10.** $_{15}P_6$

Usa el principio de conteo para hallar el número de permutaciones.

11. ¿De cuántas maneras se pueden arreglar todas las letras de la palabra COSTA? _____

12. ¿De cuántas maneras puedes arreglar a siete amigos en una hilera para una foto? _____

13. Un *disc jockey* puede poner en el equipo ocho canciones por vez. ¿En cuántos órdenes distintos se pueden poner las ocho canciones?

14. Melody tiene nueve trofeos de bolos para arreglarlos en línea horizontal sobre una repisa. ¿Cuántos arreglos son posibles?

15. En una prueba de pista, 42 estudiantes entraron en la carrera de los 100 m. ¿De cuántas maneras se pueden premiar el primero, el segundo y el tercer lugar?

16. ¿De cuántas maneras se puede elegir un presidente, un vicepresidente y un tesorero de un grupo de 15 personas que se postulan para los cargos?

17. Un concesionario de carros tiene 38 carros usados para vender. Cada día se eligen dos carros para hacer publicidades especiales. Un carro aparece en un comercial de televisión y el otro aparece en un anuncio de un periódico. ¿De cuántas maneras se pueden elegir los dos carros?

18. Un soporte para bicicletas afuera de un salón de clases tiene capacidad para seis bicicletas. Diez de los estudiantes de la clase a veces van a la escuela en bicicleta. ¿De cuántas maneras diferentes es posible arreglar las bicicletas en un día cualquiera?

19. Cierto tipo de equipaje tiene espacio para tres iniciales. ¿Cuántos arreglos distintos de tres letras son posibles sin que se repita la misma letra?

20. Una montaña rusa tiene capacidad para 10 personas. Las personas se sientan en forma individual, en fila una detrás de la otra. ¿De cuántas maneras distintas es posible arreglar a los 10 pasajeros de la montaña rusa?

Práctica 11-3

Simplifica cada expresión.

1. $_9C_1$ _____

2. $_8C_4$ _____

3. $_{11}C_4$ _____

4. $_{11}C_7$ _____

5. $_4C_4$ _____

6. $_9C_3$ _____

7. $_{12}C_6$ _____

8. $_8C_2$ _____

9. 3 de 10 videos

10. 2 letras de

11. 4 de 8 libros

12. 5 de 7 personas

_____

AMOR _____

_____

_____

Resuelve.

13. Para integrar una comisión que deberá organizar un baile, se han ofrecido voluntariamente diez estudiantes de una clase. ¿De cuántas maneras se puede elegir a seis estudiantes para la comisión?

_____

14. Para hacer de extras en una obra, han hecho una prueba veintitrés personas. ¿De cuántas maneras se puede elegir a ocho personas para que hagan de extras?

_____

15. De 15 jugadores disponibles se va a elegir un equipo de nueve integrantes. ¿De cuántas maneras se puede hacer esto?

_____

16. En un espectáculo de talentos se elige a cinco semifinalistas de entre 46 participantes. ¿De cuántas maneras se puede elegir a los semifinalistas?

_____

17. En una fiesta hay 12 personas presentes. El anfitrión pide que cada persona presente se dé la mano con cada una una sola vez. ¿Cuántos apretones de manos habrá?

_____

18. En la clase de matemáticas hay 24 estudiantes. La maestra escoge a 4 estudiantes para que integren la comisión del tablero de anuncios. ¿Cuántas comisiones distintas de 4 integrantes son posibles?

_____

19. Cinco amigos, Billi, Joe, Eduardo, Mari y Xavier, quieren sacarse una fotografía de cada par de amigos posible. Usa las iniciales B, J, E, M y X, y haz una lista de todos los pares que hay que fotografiar.

_____

20. De 8 jugadores disponibles se elige un equipo de 3 personas. Describe con una notación de combinación el número de equipos posibles.

_____

Práctica 11-4

Probabilidad teórica y probabilidad experimental

Se arroja un dardo al blanco que aparece a la derecha. Nota que los diámetros están en ángulo recto y presta atención a los sectores que son congruentes. Halla cada probabilidad.

1. P(A) _____   **2.** P(B) _____   **3.** P(C) _____

4. P(no A) _____   **5.** P(no B) _____   **6.** P(no C) _____

Las posibilidades a favor de ganar un partido son de 5 a 9.

7. Halla la probabilidad de ganar el partido. _____

8. Halla la probabilidad de *no* ganar el partido. _____

Una bolsa con globos desinflados contiene 10 globos rojos, 12 azules, 15 amarillos y 8 verdes. Se saca un globo al azar. Halla cada probabilidad.

9. P(rojo) _____   **10.** P(azul) _____   **11.** P(amarillo) _____ **12.** P(verde) _____

13. ¿Cuáles son las posibilidades a favor de sacar un globo azul?

_____

14. ¿Cuáles son las posibilidades a favor de sacar un globo verde?

_____

15. ¿Cuál es la probabilidad de sacar un globo que no sea amarillo?

_____

16. ¿Cuál es la probabilidad de sacar un globo que no sea rojo?

_____

Resuelve.

17. a. Cada vez que entras en la tienda de comestibles te dan un billete para el sorteo semanal. La semana pasada fuiste a la tienda una vez. Hay 1,200 billetes en la caja. Halla la probabilidad y las posibilidades de que ganes.

_____

b. Halla la probabilidad y las posibilidades de que ganes, si la semana pasada fuiste tres veces a la tienda y hay 1,200 billetes en la caja.

_____

18. Una bandeja de quesos contiene tajadas de queso suizo y de queso cheddar. Si tomas al azar una tajada de queso, P(suizo) = 0.45. Halla P(cheddar). Si sobre la bandeja hay 200 tajadas de queso, ¿cuántas tajadas de queso suizo hay en la bandeja?

_____

Práctica 11-5

Sucesos independientes y sucesos dependientes

Un cajón contiene 3 medias negras y 2 medias blancas. Se saca una media al azar y luego se la vuelve al cajón. Halla cada probabilidad.

1. P(2 negras)

2. P(negra y blanca)

3. P(blanca y negra)

4. P(2 blancas)

_____ _____ _____ _____

Se escribe cada letra de la palabra MASSACHUSETTS en un papelito aparte. Se ponen los 13 papelitos dentro de una bolsa y se sacan dos papelitos al azar. El primero que se saca no se repone.

5. Halla la probabilidad de que la primera letra sea M y la segunda letra sea S. _____

6. Halla la probabilidad de que la primera letra sea S y la segunda letra sea A. _____

7. Halla la probabilidad de que la primera letra sea S y la segunda letra también sea S. _____

Resuelve.

8. En un programa televisivo de juegos, puedes ganarte un carro cuando sacas un 1 y un 15 de una pila de tarjetas numeradas del 1 al 15. La primera tarjeta no se repone. ¿Cuál es tu probabilidad de ganar?

9. Haces rodar un cubo numérico ocho veces y cada vez sacas un 4. ¿Cuál es la probabilidad teórica de que en la novena tirada vayas a sacar un 6? ¿Es la salida de un 6 dependiente o independiente de que un 4 salga ocho veces?

_____ _____

10. Se eligen al azar dos letras del alfabeto sin que se las reemplace. Halla cada probabilidad.

a. P(las dos vocales) _____

b. P(las dos consonantes) _____

11. En el piso hay 4 zapatos marrones y 10 zapatos negros. Tu cachorro se lleva dos zapatos y pone un zapato en el bote de la basura y un zapato en el canasto de la ropa para lavar.

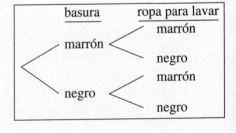

a. Para mostrar la probabilidad de cada resultado, completa el diagrama de árbol.

b. ¿Cuál es la probabilidad de que haya un zapato marrón tanto en el bote de la basura como en el canasto de la ropa a lavar?

_____

12. Usa los datos de la derecha para hallar P(mujer diestra y varón zurdo), si se eligen dos personas al azar.

_____

	Varones	Mujeres
Diestro	86	83
Zurdo	14	17
Total	100	100

Nombre _____ Clase _____ Fecha _____

Práctica 11-6

Resolución de problemas: Hacer una lista
organizada y simular un problema

Resuelve haciendo una lista organizada o simulando el problema.

1. La probabilidad de que un cachorro recién nacido sea macho o hembra es de $\frac{1}{2}$. ¿Cuál es la probabilidad de que en una camada de 4 cachorros nazcan 3 hembras?

   _____

2. En un torneo mixto de bádminton, cada equipo consiste de un niño y una niña. Se anotaron para el torneo tres niños y tres niñas. ¿Cuántos partidos diferentes de bádminton se pueden jugar con diferentes equipos dobles mixtos?

   _____

La Guardia Costera informa que durante los próximos días la probabilidad de que las aguas estén calmas cada día es del 50%. Te vas a un viaje de tres días en velero.

3. Simula la situación para hallar la probabilidad de tres días seguidos de aguas calmas.

   _____

4. Simula la situación para hallar la probabilidad de que sólo en dos de los tres días las aguas estén calmas.

   _____

5. Simula la situación para hallar la probabilidad de que sólo en uno de los tres días las aguas estén calmas.

   _____

6. Simula la situación para hallar la probabilidad de que en ninguno de los tres días las aguas estén calmas.

   _____

Una jugadora de fútbol anota un gol aproximadamente una vez cada 6 tiros.

7. Explica cómo podrías usar un cubo numérico para simular el puntaje promedio de la jugadora.

   _____

8. Usa tu simulación para hallar la probabilidad de que la jugadora anote 4 de sus 5 intentos siguientes.

   _____

Curso 3 Capítulo 11

Lección 11-6 Práctica

91

Práctica 11-7

Llevar a cabo una encuesta

A 2,146 compradores (de 16 años de edad en adelante) en un centro comercial se les preguntó: "¿Con qué frecuencia come en un restaurante del centro comercial?". Esto es lo que contestaron.

1. ¿A qué población representa la muestra?

   _____

   _____

2. ¿Cuántas personas contestaron en cada una de las categorías?

   _____

   _____

3. ¿Cuál es el tamaño de la muestra?

   _____

4. ¿Puedes decir si la muestra es aleatoria?

   _____

5. ¿Qué clase de muestreo se usó?

   _____

Explica por qué son tendenciosas las preguntas de los ejercicios 6 y 7.

6. ¿Qué preferirías comprar: la comida de la TV, que lleva encima la foto de un plato delicioso preparado por un gastrónomo, o una con envoltorio sencillo?

   _____

7. ¿Quieres que tus hijos reciban una educación deficiente debido a que se les han acortado los días de clase?

   _____

8. Un investigador quiere averiguar qué marca de salsa de tomates es más popular entre las personas que trabajan tiempo completo. Toma de muestra a los compradores de un supermercado entre las 10 a.m. y las 2 p.m. ¿Es ésta una buena muestra? Explica tu respuesta.

   _____

   _____

9. Decides postularte para el consejo estudiantil. ¿Qué factores son importantes que consideres, si decides encuestar a tus compañeros de estudios?

   _____

   _____

Práctica 12-1

Escribe la regla para cada progresión y halla los tres términos siguientes.

1. 3, 8, 13, 18, ____ , ____ , ____

2. 7, 14, 28, 56, ____ , ____ , ____

3. 32, 8, 2, $\frac{1}{2}$, ____ , ____ , ____

4. 14, 11, 8, 5, ____ , ____ , ____

5. 35, 23, 11, −1, _____ , _____ , _____

6. 3,000, 300, 30, 3, _____ , _____ , _____

Halla los tres términos siguientes de cada progresión. Identifica cada una como *aritmética*, *geométrica* o *ninguna*. Halla en cada progresión aritmética o geométrica la diferencia o la razón común.

7. 7.1, 7.5, 7.9, 8.3, ____ , ____ , ____

8. 5, 6, 8, 11, 15, 20, ____ , ____ , ____

9. 8,000; 4,000; 2,000; 1,000; ____ ; ____ ; ____

10. 92, 89, 86, 83, ____ , ____ , ____

11. −1, 2, −4, 8, ____ , ____ , ____

12. 2.3, 2.03, 2.003, 2.0003, ____ , ____ , ____

13. 1, 3, 6, 8, 16, 18, 36, ____ , ____ , ____

14. 140, 133, 126, 119, ____ , ____ , ____

15. 3, 9, 27, 81, ____ , ____ , ____

16. 540, 270, 90, 22.5, ____ , ____ , ____

Di si cada situación produce una *progresión aritmética*, una *progresión geométrica* o *ninguna progresión*.

17. La temperatura se eleva a razón de 0.75 °F por hora. _____

18. Una persona pierde 2 lb por mes. _____

19. Un hongo duplica su tamaño cada semana. _____

20. Una persona recibe un 6% de aumento cada año. _____

Halla los cuatro primeros términos de la progresión que representa cada expresión.

21. $4 \cdot 3^{n+1}$

22. $4 + 3(n-2)$

23. $n^2(n-1)$

Práctica 12-2

Completa la tabla de los pares de entrada y salida para cada función.

1. $y = 3x$

Entrada x	Salida y
4	
8	
12	
16	

2. $z = 15n$

Entrada n	Salida z
1	
2	
3	
	60

3. $d = 30 - s$

Entrada s	Salida d
0	
5	
	20
	15

4. $h = 120 \div g$

Entrada g	Salida h
2	
6	
	10
15	

5. $r = 2t - 1$

Entrada t	Salida r
3	
9	
20	
	99

6. $p = 2v - 12$

Entrada v	Salida p
	6
	40
43	
75	

¿Representa cada situación una función? Explica tu respuesta.

7. Entrada: la distancia que hay que recorrer en bicicleta

Salida: el tiempo que te lleva, si andas en bicicleta a 5 mi/h

_____

8. Entrada: la hora del día en que vas a la tienda de alimentos

Salida: el costo de los alimentos

_____

9. Entrada: el número de copias de un libro

Salida: el costo total de los libros

_____

10. Entrada: el color de una camiseta

Salida: el costo de la camiseta

_____

Usa la regla de la función $f(x) = 5x + 1$. Halla cada salida.

11. $f(3)$

12. $f(-6)$

13. $f(8)$

14. $f(-2)$

15. $f(1.5)$

16. $f(25)$

17. $f(30)$

18. $f(100)$

Usa la regla de la función $f(x) = 4n^2 - 1$. Halla cada salida.

19. $f(0)$

20. $f(1)$

21. $f(-1)$

22. $f(2)$

22. $f(-2)$

24. $f(3)$

25. $f(2.5)$

26. $f(5)$

Práctica 12-3

Representar gráficamente funciones lineales

Haz una tabla de los pares de entrada y salida para cada función. Luego representa gráficamente la función. Muestra solamente la porción que tiene sentido en cada situación.

1. En un viaje, Alex recorre un promedio de 300 mi/día. La distancia que recorre (salida) es una función del número de días (entrada).

Entrada				
Salida				

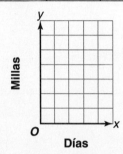

2. Imagina que ganas $7 por hora. El número de horas que trabajas (entrada) determinan tu salario (salida).

Entrada				
Salida				

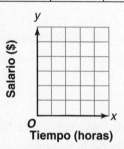

3. Imagina que tienes $50. La cantidad de dinero que gastas (entrada) disminuye la cantidad de dinero que te queda (salida).

Entrada				
Salida				

4. Tienes $10. Ahorras $2.50 cada semana. El número de semanas que ahorras (entrada) aumentan tus ahorros (salida).

Entrada				
Salida				

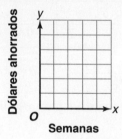

Representa gráficamente cada función lineal.

5. $f(x) = -x + 4$

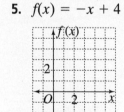

6. $f(x) = \frac{2}{3}x + 1$

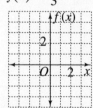

7. $f(x) = -2x + 1$

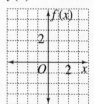

8. $y = -\frac{1}{2}x + 3$

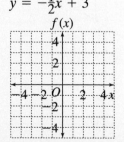

9. $y = -2 - 3x$

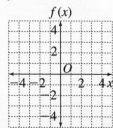

10. $y = 5 - 0.2x$

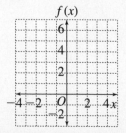

Práctica 12-4

Escribe una regla de la función lineal para cada situación. Identifica las variables de entrada y salida.

1. Durante un día, Amy vende bolsas grandes en una feria artesanal. Por el alquiler de un puesto, paga $50. El costo de los materiales y el trabajo de cada bolsa es de $3.50. Sus gastos de ese día dependen del número de bolsas que venda.

   _____

2. La señora Watson recibe un sueldo básico de $150 más una comisión de $45 por cada electrodoméstico que venda. Su sueldo total depende de cuántos electrodomésticos venda.

   _____

¿Representan los datos de cada tabla una función lineal? En caso afirmativo, escribe la regla de la función.

3.

Entrada	0	1	2	3	4
Salida	2	5	8	11	14

4.

Entrada	0	1	2	3	4
Salida	0	2	5	2	0

5.

Entrada	−2	0	4	6	8
Salida	−1	−3	−7	−9	−11

6.

Entrada	−3	−2	−1	0	1
Salida	−1	1	2	2	2

Usa la pendiente y el intercepto y para escribir una regla de la función lineal en cada gráfica.

7.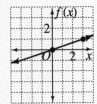

8.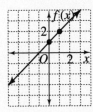

9.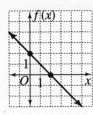

10.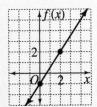

11.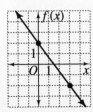

12.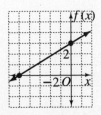

Práctica 12-5

Cada gráfica representa una situación. Empareja cada gráfica con la situación adecuada.

a.
Tiempo

b.
Tiempo

c.
Tiempo

d.
Tiempo

e.
Tiempo

f.
Tiempo

1. la cantidad de una multa de biblioteca no pagada _____

2. la altura sobre el suelo de un paracaidista durante un salto _____

3. el flujo de adrenalina cuando se tiene un susto _____

4. la temperatura del aire durante un período de 24 horas, empezando a las 9:00 a.m. _____

5. la temperatura del horno para cocinar galletas _____

6. el ascenso de un ascensor que hace paradas _____

Bosqueja y rotula una gráfica para cada relación.

7. La altura de una pelota de fútbol americano después de que la han pateado.

8. La distancia que recorrió un carro que iba a 50 mi/h, pero que ahora lo frena una construcción en la ruta.

9. La tabla de función de la derecha muestra la distancia en pies que recorre en el tiempo un objeto que cae.

Tiempo (s)	Distancia (pies)
1	16
2	64
3	144
4	256

Práctica 12-6

Escribe una regla de la función cuadrática para los datos de cada tabla.

1.

x	0	1	2	3	4
f(x)	3	4	7	12	19

_____

2.

x	−2	−1	0	1	2
f(x)	−8	−2	0	−2	−8

_____

3.

x	−1	0	1	2	3
f(x)	4	0	4	16	36

_____

4.

x	−10	−5	0	5	10
f(x)	95	20	−5	20	95

_____

Completa la tabla para cada función. Luego representa la función gráficamente.

5. $f(x) = x^2 + 1$

x	$x^2 + 1 = f(x)$
−3	
−2	
−1	
0	
1	
2	
3	

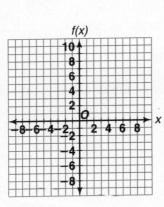

6. $f(x) = 4 - x^2$

x	$4 - x^2 = f(x)$
−3	
−2	
−1	
0	
1	
2	
3	

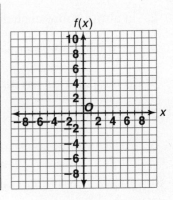

7. $f(x) = \dfrac{20}{x}$

x	f(x)
2	
4	
5	
10	

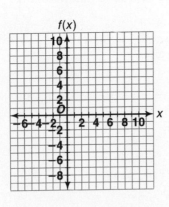

8. $f(x) = 2^x - 1$

x	f(x)
−1	
0	
1	
2	
3	

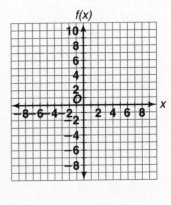

¿Se encuentra el punto (2, 2) sobre la gráfica de cada función?

9. $f(x) = 2x - 2$ **10.** $f(x) = \left(\frac{1}{2}\right)^x$ **11.** $f(x) = x^2 - x$ **12.** $f(x) = \frac{4}{x}$

_____ _____ _____ _____

Práctica 12-7
Resolución de problemas: Escribir una ecuación

Usa una estrategia para resolver cada problema. Muestra tu trabajo.

1. Se suelta una población de 30 ratones en una región silvestre. Cada año la población se triplica. Escribe una regla de la función que relaciona el número de ratones con la cantidad de tiempo que ha pasado. Usa la regla para hallar el número de ratones después de 4 años y después de 8 años.

   _____

2. Compraste un carro usado por $6,000. El valor del carro disminuirá un 12% por año. Por lo tanto, cada año el valor del carro es un 88% del valor del año anterior. Escribe una regla de la función que relaciona el valor del carro con los años que han pasado. Usa la regla para hallar el valor del carro después de 6 años.

   _____

3. La suma de dos números enteros es −44. La diferencia es 8. ¿Cuáles son los dos números enteros?

   _____

4. Margot gana $225 por semana más una comisión del 2% sobre cada electrodoméstico que vende. Escribe una regla de la función que relaciona el sueldo de Margot con el número de electrodomésticos que vende. Usa la regla para hallar su sueldo de una semana en la que tiene ventas de $15,234.

   _____

5. El costo de una llamada internacional de larga distancia es de $6.25 por el primer minuto y de $3.75 por cada minuto adicional. ¿Cuánto duró en total una llamada que costó $28.75?

   _____

6. Una tienda de artículos para jardín vende bolsas de tierra. Las bolsas vienen de seis tamaños: 16, 17, 23, 24, 39 y 40 libras. La tienda no abre ni fracciona las bolsas. Un invernadero pide 100 libras de tierra. ¿Se puede cumplir el pedido con bolsas de los tamaños disponibles? De lo contrario, ¿cuál es la forma más aproximada en que la tienda puede cumplir el pedido?

   _____

Práctica 12-8

En los ejercicios 1 a 5:

 representa x^2,  representa x, ☐ representa 1,

▓ representa $-x^2$, ▌ representa $-x$, ▪ representa -1.

Escribe una ecuación con una variable para cada modelo.

1.

_____

2.

_____

3.

_____

Escribe y simplifica los polinomios que representa cada modelo.

4.

_____

5.

_____

Simplifica cada polinomio.

6. $2x^2 - x^2 + 7x - 2x + 5$

_____

7. $3x^2 + 2x - 8x + 6$

_____

8. $x^2 - 4x^2 + x + 5x - 8 + 3$

_____

9. $x^2 + 6x + x^2 - 4x + 1 - 5$

_____

10. $3x^2 + 2x + 3x + 3 - 1$

_____

11. $x^2 + 3x^2 + 3x - 9 + 2x$

_____

Práctica 12-9

Sumar y restar polinomios

Nombra los coeficientes de cada polinomio.

1. $x^2 - 3x + 5$

1, 3, 5

2. $b^2 - 4b + 3$

1, 4, 3

3. $-2a^2 + 4a - 6$

2, 4, 6

4. $x^3 - 2x^2 + 4x$

1, 2, 4

5. $14y^3 + 4y + 0$

14, 4, 0

6. $-11s^2 - 9s + 2$

-11, -9, 2

Suma.

7. $(5x - 4) + (6x + 2)$

11x - 2

8. $(3x^2 - 6x) + (x^2 + 2x)$

$4x^2 - 4x$

9. $(7x^2 + 3x - 5) + (-4x^2 - x + 4)$

$3x^2 + 2x - 1$

10. $(x^2 - 2x) + (4x^2 + 7)$

$5x^2 - 2x + 7$

11. $(2x^2 + 8) + (3x^2 - 9)$

$5x^2 - 17$

12. $(7x^2 + 3x - 5) + (x^2 - 6x + 4)$

$8x^2 - 3 - 1$

13. $(5x^2 - 3x + 3) + (4x - 5)$

$5x^2 + 1x - 2$

14. $(3x^2 - 4x) + (2x^2 + x - 6)$

$5x^2 - 3x - 6$

Halla el perímetro de cada figura.

15.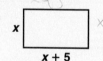

x+10

16.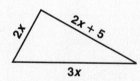

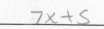

7x+5

17.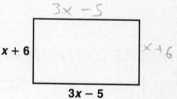

5x12

Resta.

18. $(4x^2 + 1) - (x^2 + 3)$

$3x^2 - 2$

19. $(2x^2 + 2x) - (8x + 7)$

$2x^2 - 6x - 7$

20. $(3x^2 + 7x - 5) - (x^2 - 4x - 1)$

$2x^2 + 11x - 4$

21. $(x^2 - 2x + 7) - (3x^2 - 9x + 2)$

$-2x^2 + 7x + 5$

22. $(6x^2 + 8x + 1) - (4x^2 - 8x + 7)$

$2x^2 + 16x - 6$

23. $(4x^2 - 6x + 3) - (2x^2 - 7x - 9)$

$2x^2 - 1x + 12$

Práctica 12-10

Multiplicar polinomios

Halla el área de cada rectángulo.

1.

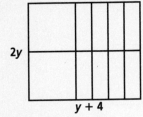

2.

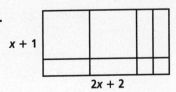

3.

_____

Simplifica cada expresión.

4. $x^2 \cdot x^2$

5. $7x \cdot 2x$

6. $(-3t)t$

7. $(4x^2)(-2x)$

_____ _____ _____ _____

8. $5m^2 \cdot 2m^2$

9. $(-x)(7x^2)$

10. $(3x^2)(-2x^3)$

11. $(-z)(-8z^2)$

_____ _____ _____ _____

Usa la propiedad distributiva para simplificar cada expresión.

12. $x(x + 2)$

13. $3b(b - 5)$

14. $2x^2(x + 9)$

_____ _____ _____

15. $2(a^2 + 8a + 1)$

16. $2x^2(4x + 1)$

17. $3l(l^2 + 4l - 6)$

_____ _____ _____

Halla el área de cada figura.

18.

19.

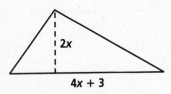

20.

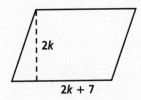

_____

21. Multiplica $4x$ por $-x^2 + 2x - 9$.

22. Multiplica $-6x$ por $-2x^2 - 3x + 1$.

_____ _____